日経文庫

企画の立て方

星野　匡著

まえがき

　私が二十数年前に、広告会社の企画部門に入った時には、かなり大きな会社でも、企画専門の部署を持っていた所は少なかったと思います。新入社員で入って、こんなに難しい仕事をなぜ若い社員にやらせるのかと、疑問に感じたこともありました。それでも、自分の提案した企画が実施されて新聞に報道されたりしますと、実に嬉しいものでした。

　しかし現在では、若い社員が企画を作らされることは珍しくありません。むしろ、若い感性を生かして企画を作ることが期待されています。時には安易に、女性社員とか若手社員とかの企画グループが作られて、新商品開発や新業態開発といった難しい課題を与えられているという話を聞きますと、自分自身の若い日々がしのばれて激励したいような気持ちになります。

　この本は、西も東もわからないままに企画部門に配属され、次々と与えられる企画作業をこなしてきた一人のプランナーが、仕事をやる中からつかんだ企画作りの手口とある種のノウハウを、わかりやすくまとめた本です。メインの読者には、これからプランニング能力を身に付けたいという人を想定しています。

　若い社員の感性を生かして企画を作らせようと意図しても、現実には難しいことだと思います。なぜならば、感性においてはいいものがあったにしても、それを企画に結び付けていくだけの技術がないからです。かれらの感性と企画技術が結びつけば、面白い企画が実現する可能性があります。現在、国際経済的には内需の拡大が大きな課題になっていますし、企業経営では、第三次創業ともいうべき新業態の開発が課題になっています。若い感性に企画技術がプラスされれば、それぞれの世界において、時代を変えていく力になるだろうと思います。

またこの本は、自分の仕事を別な観点から見直して、新しいやり方を考えたいという人に、考える技術を提供しようとする本でもあります。積極的で、なおかつ合理的な生き方が、プランナーの生き方です。私は、「世の中を変革していくための変化」を心掛ける人を、プランナーの理想像として想定しています。本を読んでくださった人々が、限界はあるにしても、世の中を少しでも変革する方向で、絶えず周囲に働き掛けることを望んでやみません。

私自身にとっては、サラリーマン生活を脱却してフリーランサーとして独立した、最初の年の記念碑ともいうべき仕事でした。プランナーとしての人生を振り返る機会を与えていただき、時には督促してくださった出版局の猪口春秋さんに、心からの感謝を捧げます。

一九八七年十月

星野　匡

目次

I　企画とは

企画作りは「知的格闘技」です。

企画の定義

「ある課題にもとづいて、その課題を達成するためになすべき仕事のイメージを描き、全体的なまた細部にわたる構想を練って取りまとめ、提案する時、その提案内容および提案をまとめるに至る過程の作業を、企画といいます。」

1　なぜ企画が求められるのか

日本人は、決められた枠組みの中で工夫しながら効率をあげ、同じ目標に向かって協力しあいながら仕事を進めて行くことが、得意だと言われています。複雑な工業製品を、ベルト・コンベアに乗せて、流れ作業で組み立ててゆくというやり方を実用化したのは自動車王ヘンリー・フォードでしたが、今では、本家のアメリカよりも日本の方が、効率もよく品質も高い生産ラインになっています。江戸時代の鎖国を除けば、どの時代でも朝鮮から、中国から、アメリカからと、文物や制度をどんどん導入し、積極的に応用しています。第二次大戦後の高度成長は、この日本人的な適用能力が発揮されたことの勝利ともいえます。そして現在、あまりにもうまくいき過ぎた結果、さまざまな摩擦が生じています。これを解決するには、また新しい枠組みを作っていかねばなりませんが、今度ばかりは仕入れてくる先がありません。したがって、自分たちの手で作っていくよりほかはないのです。

企業経営の面でも、既存の分野では、一通りやるべきことはもうやり尽くして、何か新しいことをしなければならないと考えている企業が多いようです。「新創業時代」という言葉も生まれているように、新しい事業を産み出していこうという気運が、各社に生じています。素材産業は、その素材が使われるようなソフトウェアから作っていかないと伸びていきませんし、重厚長大産業は、軽薄短小産業化によって活路を見出そうとしています。新規事業を起こす人をアントレプレナーと呼ぶ言い方がありますが、それをもじってイントレプレナーという名前もできています。つまり、「IN（中で）＋アントレプレナー」という意味で、企業内で新しい事業を起こしていく人のことを指します。企業は今、イントレプレナーを求めていて、特定の任務を与えない「ぶらぶら社員」制度を作ったり、「ドア際族」（企業外の付き合いが多い視野の広い人。油断していると、スピンアウトしてしまう）を大切にしようとしているのは、そのためなのです。

　このように、世の中全体で仕組みが変わりつつある時に、先を読んで対応策を考え新しい仕組みを作ること（これが、取りも直さず企画です）のできる人材は、どこでも必要とされています。企画力のあるアントレプレナーです。枠組みができれば、その中で工夫しながらうまくやっていく人材には、事欠きません。高度成長期には、そういう人材ばかりを大切にして育ててきたのですから。仕組みが安定している時には、なまじっか企画力のある人材は、かえって危険があるという見方もできます。新しいやり方を考え、革新していこうとすると、どうしても失敗を伴いがちだからです。長い目で見れば、危険はあっても革新していった方がいいのでが、その当たり前の考え方がようやく通用する時代になってきたと言えるでしょう。

2　企画を理解する

不動産会社を経営している田中さんが、アメリカの不動産見学ツアーに参加した帰りに、ラスベガスに寄りました。生まれて初めてルーレットやスロットマシンをやって、すっかりその魅力に取りつかれた彼は、ふと思いつきました。アメリカでこんなにはやっているなら、日本でも商売にならないだろうか。競輪や競馬がギャンブルとして認可されているなら、カジノがあっていけない理由はない。よし、日本のカジノ第一号を経営してやろう。

帰国後、友人のメーカー社長に相談したところ、まず一笑に付されました。刑法一八六条②項で禁止されているから、ダメだというのです。でも競馬は。それは競馬法で刑法の適用から除外されている。では、カジノ法を作ればいいんだな。そんなの出来っこないよ、といった問答がありました。うちの社員は不動産の事しかわからないから、君の会社で企画の作れる人材はいないかねと頼みますと、いや、うちにもいないんだよという返事です。新規事業の探索には、外部を活用しているんだよと、シンクタンクのプランナーを紹介してくれました。彼は、田中さんの話を笑わないで聞いた上で、プロポーザルを作りましょう、それ以降の作業は有料になりますよといって、左ページのようなプロポーザルを、一週間後に出してきました。

図1　カジノ経営に関する基礎調査および事業化計画作成プロポーザル(目次)

田中さんは、このプロポーザルを見て、なるほどうちの企画部員にはやっぱり手に余る企画だったな、と思いました。このプランナーは、ラスベガスへもモンテカルロへもまだ行ったことがないそうですが、それにしてはカジノをよく知っていました。そのことを言うと、彼は笑いながらアタッシェ・ケースの中から、英文で書かれたカジノ・ビジネスの本を出しました。彼の勤務先のシンクタンクでは、現行のクライアントには直接関係なくても、いろいろな分野の資料を集めてあり、カジノ・ビジネスの経営に関する本もあったのだそうです。

プロポーザルをチェックし、値切れるところを値切って、後はお金を出せば企画が出来るなと一安心して説明を聞いていますと、今度は、見積もりが思っていたよりも高いのにびっくりしました。何と、このくらいは仕方がないだろうと考えていた金額よりも、二桁も上だったのです。その理由を聞いているうちに、田中さんにも納得がいきました。費用がかかるのは、調査それもカジノ・ビジネスの経営ノウハウに関する情報の収集など、アメリカの提携先を通じて専門の調査会社を使うためと、いろいろな情報をもとに、シンクタンクのスタッフが検討する企画人件費のためでした。「企画作りは、知的格闘技ですよ」という言葉が印象に残りました。

さて、その後シンクタンクがカジノ・ビジネス企画を受注したかどうかは、聞いておりません。しかし、この事例には、企画作業の特徴がよく出ていると思います。例に取りながら、企画とは何かを考えてみましょう。プランナーが田中さんに提供しようとしたサービスの中味を振り返ってみますと、次のようなことでしょうか。

①　まず、依頼者の話をじっくりと聞いて、作業の目的（課題）を把握しています。

②　全体の大まかなフレームワークを描き、その中で企画作業を推進しようとしています。

③　情報を集めて分析し、それをもとに検討しようとしています。

④　「知的格闘技」といわれるほどに、知恵を出しあい練りあいして、構想をまとめようとしています。

⑤　調査・検討した結果は、資料・提案の形にまとめて、依頼者に提出されます。

これを要約してみますと、第一に企画は、ルーティン・ワークではなく、課題解決型の仕事であるということです。第二に、情報と知恵によって作られていくということです。最後に、企画は提案・承認・実施を経て、世の中に形が現れてはじめて完成する仕事であるという性格も、指摘しておきたいと思います。定義してみますと、左のようになるでしょう。

ある課題にもとづいて、その課題を達成するためになすべき仕事のイメージを描き、全体的なまた細部にわたる構想を練って取りまとめ、提案する時、その提案内容および提案をまとめるに至る過程の作業を、企画といいます。

不動産屋の田中さんは、自社の企画部員よりもシンクタンクのプランナーの方が、企画力がありそうだと感じたのですが、改めて企画力とは何かを考えてみますと、それはいくつかの力の総合されたものだという気がします。列挙してみますと、

①　組織力

企画作成のために、組織的に動ける力。海外に提携先を持ち、そこを通してさまざまな海外の機能・人材を活用できるというのも、組織力の一つの面です。大きな組織にあっては、多種多様な人材を活用できるのも組織力ですが、プロジェクトの課題に応じて、既成の組織形態にとらわれない横につないだスタッフ編成がしやすいのも、組織力の強さと言えましょう。

②　情報力

いざ企画の時に、必要な情報が集められる力。必要性がまだ生じない間に、必要になるかもしれない情報を収集・整理しておくことにより、蓄えられる情報力もあります。

③　先見力

先を見通し、今後の展望を予測する能力。現在の延長線上で、どのように変化するかを読むのは比較的やさしいのですが、非連続的な変化や、何らかの働きかけを伴う状況の変化を読むのは、なかなかむずかしいのです。外部の専門家の力をうまく利用しながら先を読む能力も、この中に含まれます。

④　構想力

課題に対応するように、解決策の全体像を構築し、その細部をバランスよく描きだせる力。ヒト、モノ、カネなどの資源の割り振りや、スケジュールなどの段取りをイメージできる能力も、この力に含まれます。

⑤　創造力

課題解決のさまざまな方法を考え、具体的な解決案を作り出していく能力。アイディアの発想、選択、展開の、それぞれの能力が必要とされます。構想力と創造力は、企画力の要であると言えます。

⑥　表現力

関係者に提示するために、企画の全体像・部分像を描き出す力。必ずしも企画書という形はとらず、必要に応じて、言語、絵、映像、設計図など、さまざまな形態で表現されます。表現力には、論理的な構築とイメージによる表現の両方が必要です。

⑦　説得力

基本構想の段階から実施計画の段階まで、その企画に関して、関係者に説明をし、納得・承認を取りつける能力。プレゼンテーション・テクニックのようなオフィシャルな説得力から、根回しのような非公式な説得力までが含まれます。

3　企画の構成要素

1　構成要素を考える

首尾あい整った大企画から、メモ一枚にまとまる簡略な企画まで、一口に企画と言っても幅が広いものです。それでは、すべての企画に共通する構成要素は、何と何でしょうか。出版や編集の企画を得意としているプランナーの友人がいますが、彼の自慢は、企画書が簡単なことです。数千万円から億を超えるような大企画でも、長くても二、三枚のメモにまとめた上で、出版社の企画担当役員に説明すれば、決まるものはすぐに決まるといいます。もちろん、今までの実績を踏まえた信頼関係があればこそ、このような簡略な企画書でも立派にその役目を果たすわけですが、それにしても、簡略とはいえ押さえるべきところはきちんと押さえているに違いありません。見せてもらったこともありますので、思い出すままに、何が入っていたかを挙げてみますと、

① 相手会社の名前
② 自社の名前とアドレス
③ 出版物のテーマ

④　その切り口（どこに従来にない特徴があるのかという点）
⑤　想定読者層
⑥　仕様（巻数、版型、頁数など）
⑦　価格
⑧　発行部数
⑨　原価や経費の試算
⑩　販売方法
⑪　編集進行の方法

などでした。これは企画書に入っていた内容ですから、企画全般ということで広くとらえてみますと、これらの他に、この企画を立案する前に出版社から受けた企画立案の依頼、言ってみれば企画の課題が、企画書の中では言及されていませんでしたが、存在します。彼プランナーも、企画者という一つの要素ですし、その企画が通れば、社内には編集スタッフが組まれ、それをバックアップする社外の編集プロダクションが付きます。編集費や編集室の手当て、発行に向けてのスケジュールなど、いろいろな要素によって企画の全体像が構成されます。

これらのさまざまな要素のうち、同じような性格のものは一くくりにして整理してみますと、次のようになるでしょう。

①課題（企画を依頼した時に、両者で確認されています）
②企画者（彼プランナーがこれに当たります）
③企画実施者（出版社がこれに当たります。企画依頼者でもあります）
④課題解決策（出版物のテーマと切り口がこれに当たります）
⑤対象者（想定読者層がこれに当たります）
⑥実施案の詳細（仕様、価格、発行部数、販売方法などがこれに当たります）
⑦資源とその運用計画（原価や経費の試算を含む費用計画の他に、スタッフなどの人事計画、編集室やOA機器などの資材計画などがこれに当たります。企画によっては、情報の収集分析の計画が入ることでしょう）
⑧段取り（編集進行の方法がこれに当たります）
⑨企画書（この例では、メモ書きで、概要のみがまとめられていました）

2　絶対に必要な要素

これらの要素は、いずれも必要なものではありますが、そこには自ずから軽重があります。では次に、これらさまざまな要素のうち、それがなかったら企画が成立しないという、絶対に必要な要素は、何と何でしょうか。

①　課題
②　企画実施者
③　課題解決策（実施アイディアと言ってもいいでしょう）

を、私なら挙げたいと思います。これらのうちどれが欠けても、企画はきわめて成立しにくくなります。これらのいずれもが明確でないと、企画は心細いものになってしまいます。

まず課題が明確でないと、それにつれて、解決策の評価がしにくくなります。ひょっとすると、間違ったアイディアで突っ走っているのかもしれません。実施の途中で疑心暗鬼が生じても、当事者間で議論が分かれても、全員に納得のいく結論が出せなくなります。プロデューサーがしっかりしていれば、実施段階ではなんとか押さえられても、終わった後の評価で、また議論が分かれることになります。

企画実施者が明確でないと、実施に伴う意思決定がスムーズにいかない恐れがあります。船頭多くして船山に登る企画になりかねません。

課題解決策（実施アイディア）がないと課題が解決できませんから、いわば企画の命です。

この三項目以外の要素も必要ではありますが、多少あいまいではあっても、実施のプロセスで少し苦労すれば、なんとかやりくりできるものです。いずれも、大切でないものはありませんが、右の三要素ほど絶対的に不可欠ではないと思います。

4　企画の成功要因

構成要素が一通り揃っている企画があったとして、なおかつ成功不成功を分ける要因は、何でしょうか。課題が明確であること、実施アイディアが素晴らしいことといった、企画の構成要素のそれぞれが充実していることはもちろん企画の成功の原因になります。しかし、いくらいい企画だからといって、それだけで成功が保証されているというものではありません。成功する企画には、いくつかの共通する要因があります。

1　プロデューサー機能の発揮

企画におけるプロデューサーの必要性と役割については、大分理解されるようになってきています。企画には、課題があり目標があります。それを一身に体得して、すべてにわたって企画に筋を通すのが、プロデューサーの役割です。プロデューサーの仕事は、概略次の三つに尽きます。

①　企画実施作業の流れが、目標に沿って課題を解決していくように調整すること
②　実施計画に従って、ヒト、モノ、カネ、情報などをマネージしていくこと

③企画実施責任者の意を受けて、要所で決定を下しながら、作業を進行させること
ですから実施責任者は、自分で直接何も彼もやろうとしないで、プロデューサーに権限を委譲して、企画の進行がスムーズにいくように心掛けるのもいいと思います。

2 ロジスティクス

この言葉は、元は軍事用語です。「軍事作戦遂行のために、適正な人員を、適正な資材とともに、適正な時間に、適正な場所に、最も経済的かつ効果的に送達することにかかわる、軍事科学の一分野である」と事典には定義されています（コリヤーズ百科事典）。これを企画に当てはめると、いわば裏方の仕事に当たります。事務局運営、通信・連絡、スケジュール管理、出納、記録といった仕事です。特に、イベントや、大規模な建設・設営を伴う企画において、ロジスティクスのよしあしがものをいいます。

3 当事者の熱意

企画実施は、熱意によってカバーされるところも大きいのです。熱意のない集団では、人と人の間の部分に、ミスが生じやすいのです。ただし、当事者の意欲を喚起し、目標を示して、企画の体制にうまく組み込んでいくのは、プロデューサーの手腕だともいえます。

5　企画の種類

個別の企画を、その特徴から、市場導入企画とか、イベント企画とか、スポンサード企画などと呼ぶことがあります。企画をタイプ分けして呼ぶ言い方です。さて、企画を分類してとらえると、どのように分けることができるのでしょうか。いくつかの分け方を見ながら、検討してみます。

①　単発企画とシリーズ企画

効率のよしあしが違います。シリーズ企画においては、第一回目の経験を活かして、二回目以降の実施が楽になります。また、一部の資材などで使いまわしが効くものがあれば、コストの軽減につながります。企画の効果面でも累積効果が見込めますから、シリーズ化できる企画は、なるべく恒例のものにしたいわけです。

②　パッケージ企画と個別企画

イベント企画などに見られる例ですが、企画内容を、複数の企画実施者に適合するようにあらかじめ作っておいて、複数社に売りまわす企画を、パッケージ企画と呼びます。企画は、本来個別性が強いのですが、広い課題に対応できるように内容を組み、コストの安さを魅力にして、需要を掘り起こすわけです。

③ 自主企画とスポンサード企画

企画の一部ないし全部を企業PRの場として提供し、PR費相当分のコストを軽減しようとするのがスポンサード企画です。イベント企画に多いのですが、出版企画にも増えています。イベント企画では、アマチュア・スポーツやミュージカル・プレイへのスポンサード（いわゆる冠イベントはその例です）が、近年目立っています。

④ モノ作りの企画とシステム作りの企画

建設企画や新商品開発企画がモノを対象にしているのに対して、新事業開発企画などはシステムを対象にしています。しかし、この両者の企画に、あまり本質的な差異はありません。

⑤ 担当部署による分類

人事企画、営業企画、研究開発企画といった分類。これらも、多少のノウハウの差異はありますが、企画として、あまり本質的な差異はありません。

⑥ 実現形態による分類

新商品開発企画、イベント企画、出版企画、販売促進企画といった分類です。企画の分類としては、一番一般的な分類だと言えるでしょう。それぞれのタイプによってノウハウの差異があり、それぞれの専門分野ごとに、専門会社や専門のプランナーが存在しています。

⑦　構想企画と実施企画

企画を実現させるために、全体的な構想にかんする企画をまず作り、それが承認された後で実施のための企画を作ることは、よくあります。企画書も、別になります。もちろん、別なプランナーがそれぞれを作るということもあるのです。

Ⅱ　まず人から始まる

企画が人間の知恵にもとづく以上、企画のよしあしは、まず、プランナーのよしあしによって左右されます。プランナーの能力は、トレーニングによって増大しますし、彼または彼女の能力を活かしてくれる、組織のありかたによっても違ってきます。

プランナーは、時代に肌で触れることによって、自分の感性を磨くことができます。そして、ネットワーキングを作っていくことによって、自分の企画作業の枠を、拡大していくことができます。

1　企画作りに向く人、向かない人

企画が人間の知恵にもとづく以上、企画のよしあしは、プランナーのよしあしによって左右されるところが大きいと言えます。優れたプランナーによって、十分に企画力を発揮して作られれば、自然といい企画ができるわけです。企画には、人の要素が大きいのです。でも人といっても、ある種の詩人が詩を作るように、才気にまかせてそれだけで企画が作れるものではありません。かといって、才気があれば、それはそれでプラスにはなります。人の要素を分けてとらえてみると、次の五項目になると思います。

①　その人の持っている、プランナー的な才能。あえて言えば、プランナー的な気質

②　その人の持っている、プランナーとしての技術。この要素は、何らかのトレーニングによって、磨きをかけることができます

③　その人の才能が発揮しやすい、いってみれば企画を作りやすい組織のあり方

④　組織を活用して企画を作っていく際の、リーダーシップとチームワーク

⑤　企画作りに動員できる外部の人材。これはプランナーとしてのよしあしと、一見関係ないようですが、人によって外部のネットワークの広さが違うし、喜んで人が動いてくれる

かどうかは、その人の力によるところも大きいのです。

第一項の才能を、少し細かく考えてみましょう。確かに、プランナー向きといえる気質の人がいます。それは、いかにも営業向き、いかにも経理向きという人がいるようなものです。

まず、夢を見るのが好きで、いろいろと想像を働かせることのできる人は、プランナーに向いています。作業の途中で、シナリオを描きながら組み立てていくのに、その性格が合っているからです。事実、企画作りの手法の一つに、シナリオ・ライティングというのもあります。

これとは矛盾するようですが、公平にバランスよく大局をつかみ、クールに判断しながらまとめていけるという冷静な気質もまた、向いています。広く浅い付き合いを可能にするフットワークのよさ、気軽さも、プランナー向きです。旅行好き、それも大自然の中でキャンプというよりも、タウン・ウォッチングに関心があるという人などは、向いているのではないでしょうか。向いている人がいれば、その半面で、向いていない人もいます。決められた仕事を、きちんと責任をもって実行することに喜びを感ずるなどという人は、あまり向いているようには思いません。参考までに、営業マンに向いた気質との対比で、整理してみましょう。

（企画に向く気質）夢を見るのが好き——現実を重視する（営業に向く気質）
（企画に向く気質）冷静に全体を見る——情熱的に邁進する（営業に向く気質）
（企画に向く気質）広く浅い付き合い——狭く信頼ある付き合い（営業に向く気質）

2　企画作りのためのトレーニング

気質そのものを、トレーニングによって変化させることは難しいのですが、感性を磨くこと、知識を増やすこと、技術を高めることはできます。まず感性を磨く一番いい方法は、本物のいい企画に触れることです。企画の種類は問いません。さらにいい方法は、それを、いい先輩に付いて、オン・ザ・ジョブ・トレーニングとしてやることです。それは、誰でもというわけにはいきませんから、次善の策として、セミナーや本などでケース・ヒストリーを勉強するといいと思います。また、新商品なら使ってみる、イベントなら参加してみることも大切です。

次に、時代を肌で感ずるのも、感性を磨くいい方法です。そのためには、

①　人に会う
②　街を歩く
③　店に入る
④　流行に触れる
⑤　新聞や雑誌などに広く目を通す

という積極的な行動によって、絶えず自分に刺激を与えることが大切です。なるべく変化を心

掛けることがいいのです。人間は本来保守的ですから、意識して変えていかないと変わりません。会う人というのは、なれ親しんだ友人ではなくて、異質の世界の人がいいのです。街も、よく行く場所ではなく、店も、行きつけの店ではない方がいいのです。そして、少しでも評判のいい、感覚の優れたものに、選別して触れることが大切なのです。自分の時間を大事にしたいものですね。またこの過程で、必要な知識を学ぶことにもなります。

さて、トレーニングによって向上させることのできるプランナーとしての技術には、どういうものがあるでしょうか。ソフトな技術として、方法がある程度確立されているものという条件を付けると、左の六つが挙げられます。

①　調査（特にグループ・インタビュー）技術
②　予測技術（外挿法やディルファイ法）
③　スケジュール管理技術（ＰＥＲＴやＣＰＭ）
④　発想法（例えばＫＪ法やＮＭ法など）
⑤　文章表現力
⑥　ＯＡ機器の操作法

これらの技術の習得には、それぞれテキスト的な著作物もありますし、セミナーやトレーニング・スクールがあるものもあります。

3　企画が作りやすい組織

1　多様な人材が組みやすい組織

企画は、さまざまな人的資源を総動員して作られます。左ページの図表は、新商品開発企画に、どのようなスタッフが参画してくる可能性があるかを、概念図に示したものです。まず、企画作りの核になる社内の開発チームがあります。それに協力する社内のさまざまなスタッフがいます。これらのスタッフは、必要に応じて、開発チームに入って一緒に作業を進めることもあるでしょう。そして、社外のさまざまな人材たち。これら機能も性格も異なる人材の共同作業によって、企画は作られていきます。したがって、企画が作りやすい組織とは、帰属する組織も異なり持っている専門的な能力も異なる多様な人材が、組みやすく、動きやすい組織ということになります。

この図2の開発チームは、即ち企画チームです。組織上のありかたとしては、このような多職種のスタッフを包含したチームが企画部とか開発部として同じ組織の中に編成されている場合と、それぞれの職種ごとに別組織となっていて、それぞれの組織からスタッフを出してチームを編成する場合とがあります。このどちらの組織がより企画を作りやすい組織かは、いちが

図2　新商品開発企画に参画する人的資源

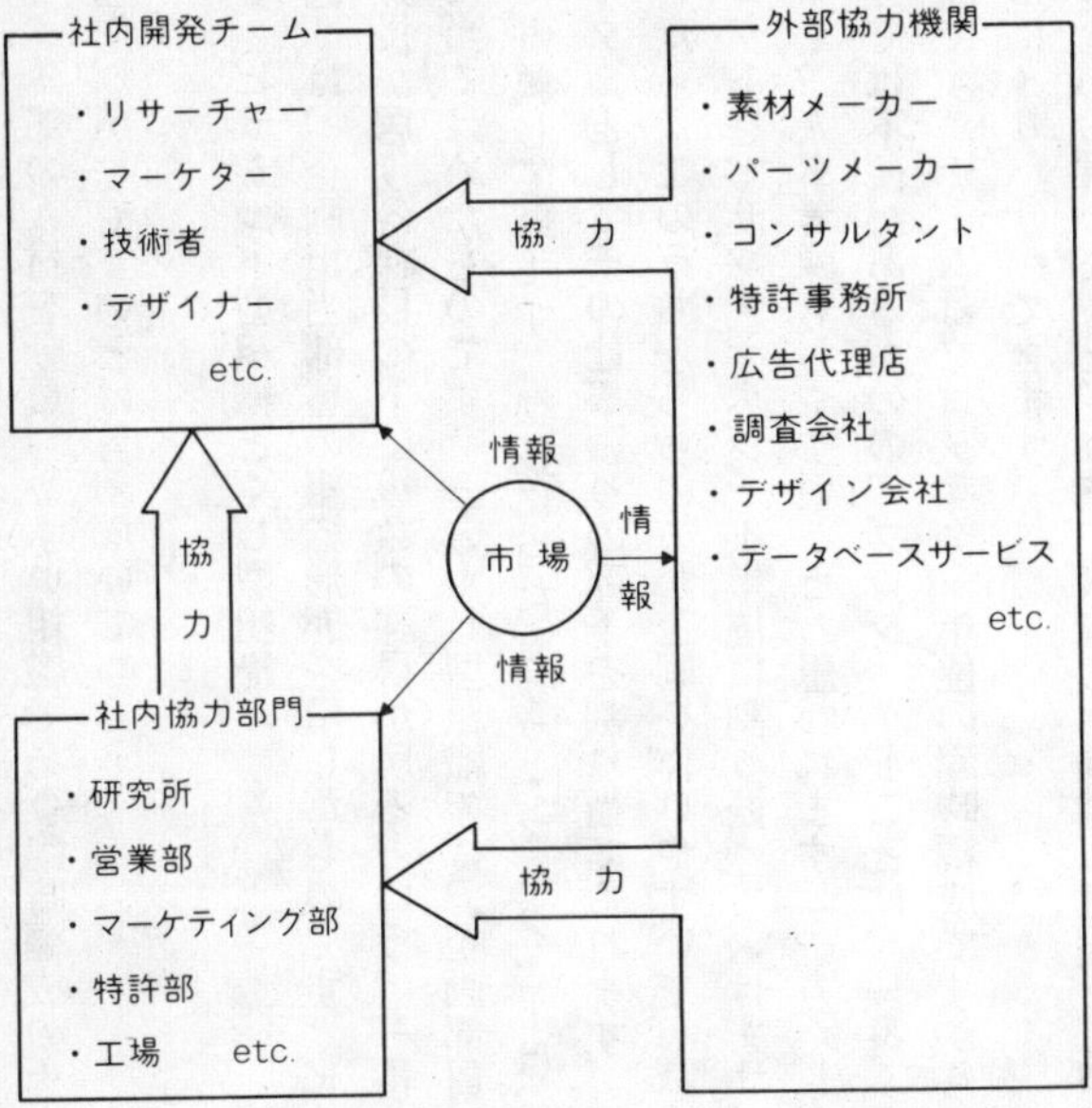

いには言えません。前者の組織では、初めから同じ組織の中にいますから、お互いによく知り合っているし、共同体意識が強くてチームワークがいいかもしれません。逆に、後者の場合には、出身母体への帰属意識がありますから、一体感のあるチームとして機能するようになるまでに、少し時間がかかるかもしれません。しかしうまく機能すれば、出身部署の力や機能・ノウハウをフルにチーム内に導入し活用して、より中味の濃い作業ができるかもしれません。いずれにせよ、必要に応じてチーム外の機能を活用せねばなりません

から、外部の人材を動員しやすい組織であり臨時編成のチームが組みやすい組織でなければ、企画作りがしやすいとは言えないでしょう。

2 ピラミッド型組織とくし型組織

図3は、企画担当部署の組織形態を示したものです。ピラミッド型組織は、部長の下に複数の課長が居り各課長の下に複数の課員が居るという、一番一般的な組織形態をそのまま企画部門に当てはめたものです。一方くし型組織では、企画部員はまるでくしの歯のように並列で部長に直属しています。課長に当たるサブ・マネジャーは、プロジェクトごとにそのチーム・リーダーとしてその仕事限りの部下を割り当てられます。まったく同じ職種の人間を組織するとしたら、このうちどちらの方が企画を作りやすいでしょうか。ピラミッド型組織では、プロジェクトを、サブ・マネジャー単位に割り振っていけます。マネジャーとしては作業管理がしやすく、人事考課もしやすいことと思われます。一方くし型組織の方は、作業管理や人事考課の点では不便があるものの、プロジェクトごとに、一番ふさわしい組み合わせでチーム編成が可能です。チームはプロジェクト単位の臨時編成ですから、スタートと終了時がはっきりし、仕事にメリハリができます。

結論から言いますと、うまく機能した場合には、くし型組織の方が企画を作りやすいと思い

図3　企画担当部署の組織形態

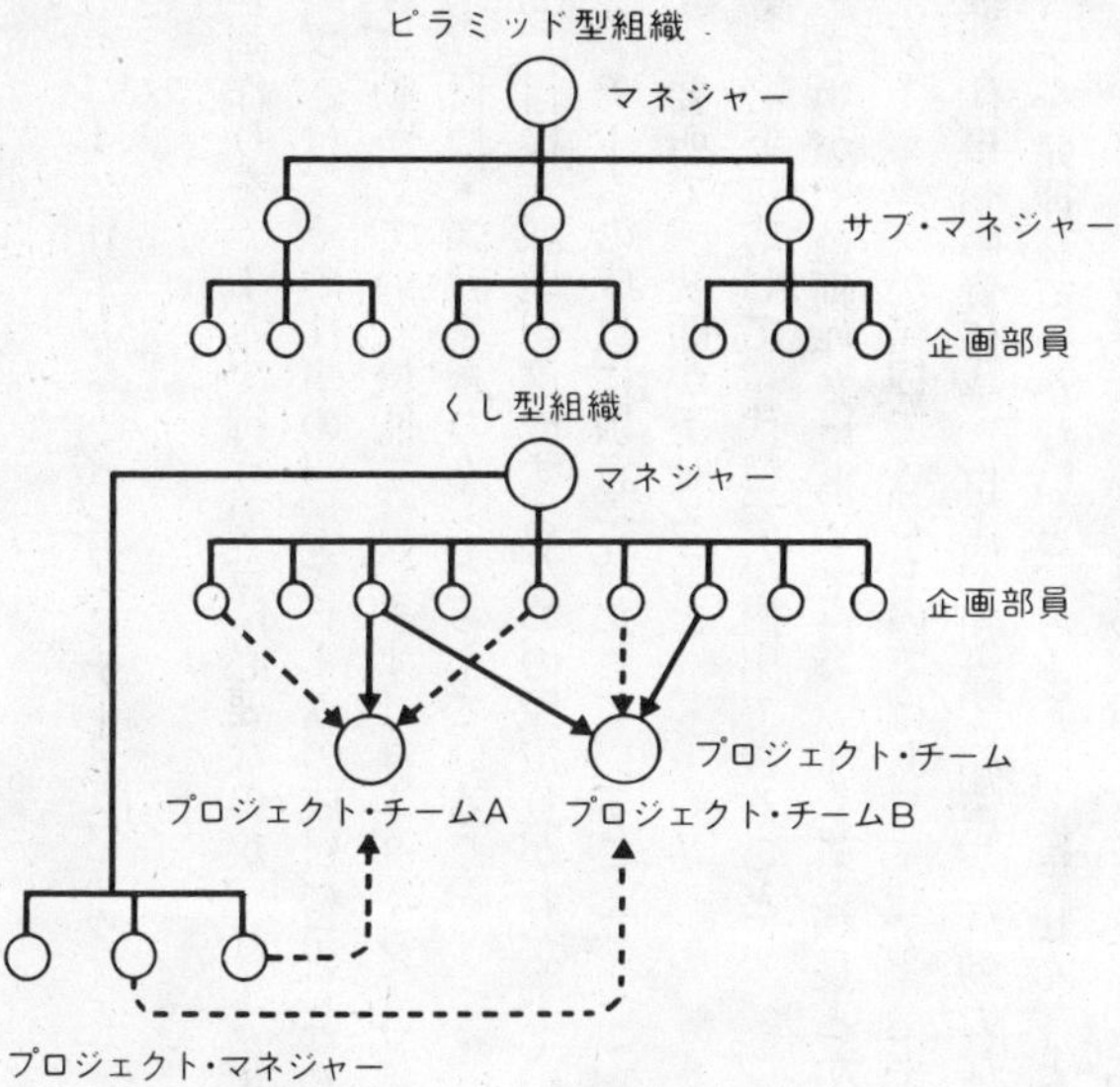

ます。プロジェクトが成立して作業チームが編成された時には、チームワークが生まれるまでに少し時間がかかりますが、メンバーに新鮮な出会いがあるだけに、仕事ごとに新しい緊張感が生まれ、異質な才能の触れ合いによって、より創造的な成果を期待できるのです。しかし、プロジェクト・マネジャーとしては、一つ一つの仕事ごとに新たに気をつかうことも多く、結果的により難しい作業管理を要求されることになります。成果は大きいが運営は難しいということから、くし型組織の採用には踏み切れない企業が多いようです。

4　リーダーシップとチームワーク

企画作りをチームで行う場合に必要なのが、リーダーシップとチームワークです。リーダーシップとは、その仕事の目標をチームの成員に示しながら、各成員の努力を促し、目標達成に向けて動かしていく機能を言います。リーダーシップを発揮するために必要なことは、

①　目標・課題をきちんととらえていること
②　目標・課題を達成するための段取りがわかっていること
③　チームの成員に敬意を持たれていること
④　要所で、決断が下せること
⑤　必要に応じて、代替案が提出できること

などですが、企画作業にあっては、必ずしも課長とか主任研究員とかいった地位によって、リーダーシップが発揮できるものではありません。上下関係よりもむしろ、その課題への達成意欲、仕事への責任感、自信、知識と知恵、活動力などにおいて優れている人が、リーダーシップを発揮していかないと、うまくいきません。ということは、これらの条件を持っていて、リーダーシップを発揮できる人は、プランナーに向いているわけです。また、これらの条

件を持っているプランナーに、年齢や地位にこだわらないで、リーダーシップを発揮した仕事をさせることができる組織は、新しい企画を作りやすい組織であるとも言えましょう。

チームワークがとれた仕事ができるということも、いいプランナーの条件の一つです。チームワークとは、共同して仕事をする際に、成員同士が、お互いの立場や能力を理解して、自分の仕事との組み合わせに心を砕いて、チーム全体としての成果が挙がるように動くことをいいます。そのためには、目標意識、仕事への理解、役割感覚の三つを持つことが大切です。

チームワークのコツは、どういうところにあるでしょうか。それは、「相手の立場を理解した上で、ほんのちょっぴり、相手の領域に踏み込んで仕事をすること」です。ただし、目標意識を共通にもっていないと、自分の領域に踏み込まれることに、感情的な反発があるかもしれません。それを乗り越えないといけません。チームワークは、接点のところが一番大事なのです。では、一番効果的にチームワークを発揮できるのは、何人編成のチームでしょうか。お互いの仕事を理解しながら動くとなると、あまり大勢では目配りしきれません。かといって、少人数では、チームとしての威力を十分に発揮できません。私の経験からいうと、コア・メンバーが五～六人なら、かなり大型の企画を取り扱えます。また、一人ぐらい何かの理由で欠けても、あまり戦力には影響ありません。SWAT（テロ行為やハイジャックなどに対処する特別武装部隊）なども、六人が編成の基礎単位になっているようです。

5　ネットワーキング

1　新しい概念「ネットワーキング」

ネットワークという言葉は、本来名詞です。辞書を引いても、動詞の用法は出ていません。これを動詞に使い始めたのは、最近のことです。アメリカで起こったある種の市民運動で、ある目標あるいは価値観を共有している人々の間で、既存の組織への所属とか、職業上の立場とか、居住地域などの差異や制約をこえて、人間的な連帯を作り上げていく活動を指してネットワーキングといっています。そのような活動を行うことがネットワークで、それをやる人がネットワーカーになります。プランナーにとって、豊かなネットワークを持つことは、一つには、手がける企画に、いろいろと外部の血を入れてふくらませるチャンスが広がるという意味があります。しかし、もっと大事なことは、自分の視野が広がって、企画作業に幅が出るということです。ビジネス・ベースで使える外部の人材へのルートをきちんと確保しておくことは、プランナーの腕前の一部ですが、それだけではなくて、物の考え方やプランナーとしての生き方に刺激を受けるような人々とネットワークすることも、それに劣らず大事なのです。

図4　自分で採点するネットワーク・チェックリスト

※あてはまる項に○をつける

No.	ネットワーク	直接知っている	間接的に知っている	No.	ネットワーク	直接知っている	間接的に知っている
1	中央省庁の課長以上の公務員			26	AI(人工知能)に詳しい人		
2	小児科医			27	博物館に詳しい人(学芸員など)		
3	精神科医			28	ストアマーチャンダイジングの専門家		
4	公認会計士			29	バイオテクノロジーの専門家		
5	弁理士			30	動物の専門家(獣医など)		
6	商品化権に詳しい弁護士			31	民俗学の専門家		
7	一級建築士			32	都市学・地域開発の専門家		
8	インダストリアルデザイナー			33	手芸教家の先生		
9	服飾デザイナー			34	選者クラスの俳句の先生		
10	インテリア・デコレーター			35	フランス語を話せる人		
11	コピーライター			36	北京語を話せる人		
12	プロのスポーツ選手			37	欧米紙誌の日本駐在員		
13	作曲家			38	アジア紙誌の日本駐在員		
14	漫画家			39	科学記者		
15	スタイリスト			40	女性誌・婦人家庭欄記者		
16	音楽プロデューサー			41	スポーツ紙誌の記者		
17	コンピュータ・プログラマー			42	経済紙誌の記者		
18	映画製作に携わる人			43	タウン誌の編集者		
19	お寺の住職			44	折り紙を30種類以上作れる人		
20	農業経営者			45	おもちゃを100点以上収集している人		
21	スーパーマーケットのバイヤー			46	映画のビデオを100本以上持っている人		
22	スポーツ医学の研究者			47	世界30ヵ国以上を旅行した人		
23	婦人問題の運動家・研究家			48	現にヨーロッパに1年以上滞在している人		
24	老人問題に詳しい人			49	現に中国に1年以上滞在している人		
25	エコロジー(生態学)に詳しい人			50	現にアメリカに1年以上滞在している人		
	小計				小計		
					総計		
					総合計		

直接＝2点　　間接＝1点

100点満点

2　ネットワーキングの仕方

①　まず、現在のネットワークをチェックします

仕事で知っている人以外に、どういう人と知り合いで、フランクに相談することか。学校時代の友人、親戚の人などが、まず挙げられるでしょう。次に、こういう方知り合っていたらいいというリストを作って、チェックしてみてください。図4は、のヒントとしてお使いください。かなりの空白があることと思います。これで、目標ができました。

②　ネットワーク作り

方法は、「人から人へ」です。空白分野の人を知っていそうな友人・知人から、紹介してもらいます。その場合に、忘れてならないのが紹介料です。紹介料は、これもネットワーキングで支払います。ということは、紹介してくれた人には、別の人を紹介するということです。これが、ネットワーキングの原則です。パーティをうまく活用するといいと思います。

③　ネットワークの維持・拡大

一対一の付き合いでネットワークを維持していくことは、ある段階から、物理的にできなくなります。時間の壁を越えて、ネットワークを維持するための方法は、会を作ることです。勉強会とか、遊びの会、パーティなどです。ただし、一つぐらいは幹事をやるべきです。

Ⅲ　企画作りのステップ

企画のテーマが異なっていても、多くの場合は同じようなステップを経て、作業が進行します。新商品開発企画でも、イベント開発企画でも、取り扱う情報や各ステップにおける進め方のノウハウに違いはありますが、作業フローそのものには大差がありません。ですから、プランナーは、あらゆる企画作業に共通する段取りを大きな白地図のように覚えていて、課題がかわるたびに微調整をしていけばいいのです。

1　企画作りのプロセスを理解する

プランナーには、企画作りをステップに分けてとらえようとしている人が多いようです。なぜならば、企画のテーマが異なっていても、多くの場合は同じようなステップを経て、作業が進行するからです。新商品開発企画でも、イベント開発企画でも、販売促進企画でも、取り扱う情報や各ステップにおける進め方のノウハウに違いはありますが、作業フローそのものには大差がありません。また、企画の組み立てそのものも、押さえるべきポイントに大差がありません。図5「新商品開発企画のフレームワーク」と、図6「イベント開発企画のフレームワーク」とを見くらべてください。この二つの仕事は、それぞれ専門の会社もたくさんある、独自のノウハウを必要とする企画作業ですが、詰めていく論理的な過程そのものは、このように同じような流れになっています。ですからプランナーは、あらゆる企画作業に共通する段取りを大きな白地図のように覚えていて、課題が変わるたびに微調整をしていけばいいのです。

では、プランナーにとって、企画作りのステップをどのように分けてとらえれば、仕事がしやすいでしょうか。私は、次のように、一二に分けることをおすすめします。

①　企画作りのプロセスを理解する

②　課題を発見・把握する
③　関連する諸条件を整理する
④　作業計画を立てて準備する
⑤　情報を集めて、読む
⑥　アイディアを出し、構想を練る
⑦　細部を詰める
⑧　企画書を作る
⑨　提案し、決定される
⑩　実施に移す
⑪　フィードバックする
⑫　新しい展望を得る

このステップ分けの中で、「企画作りのプロセスを理解する」という項目に、オヤ？と思った方もおられるでしょう。普通は、上司から仕事の課題を与えられたり、クライアントからオリエンテーションがあって、企画作業がスタートします。このステップを置いた意味は、作業を受ける前に標準的な仕事の流れを理解しておいて、自分なりの企画作業のフレームワークと対比させながら、仕事を受けた方がいいということです。

図5　新商品開発企画のフレームワーク

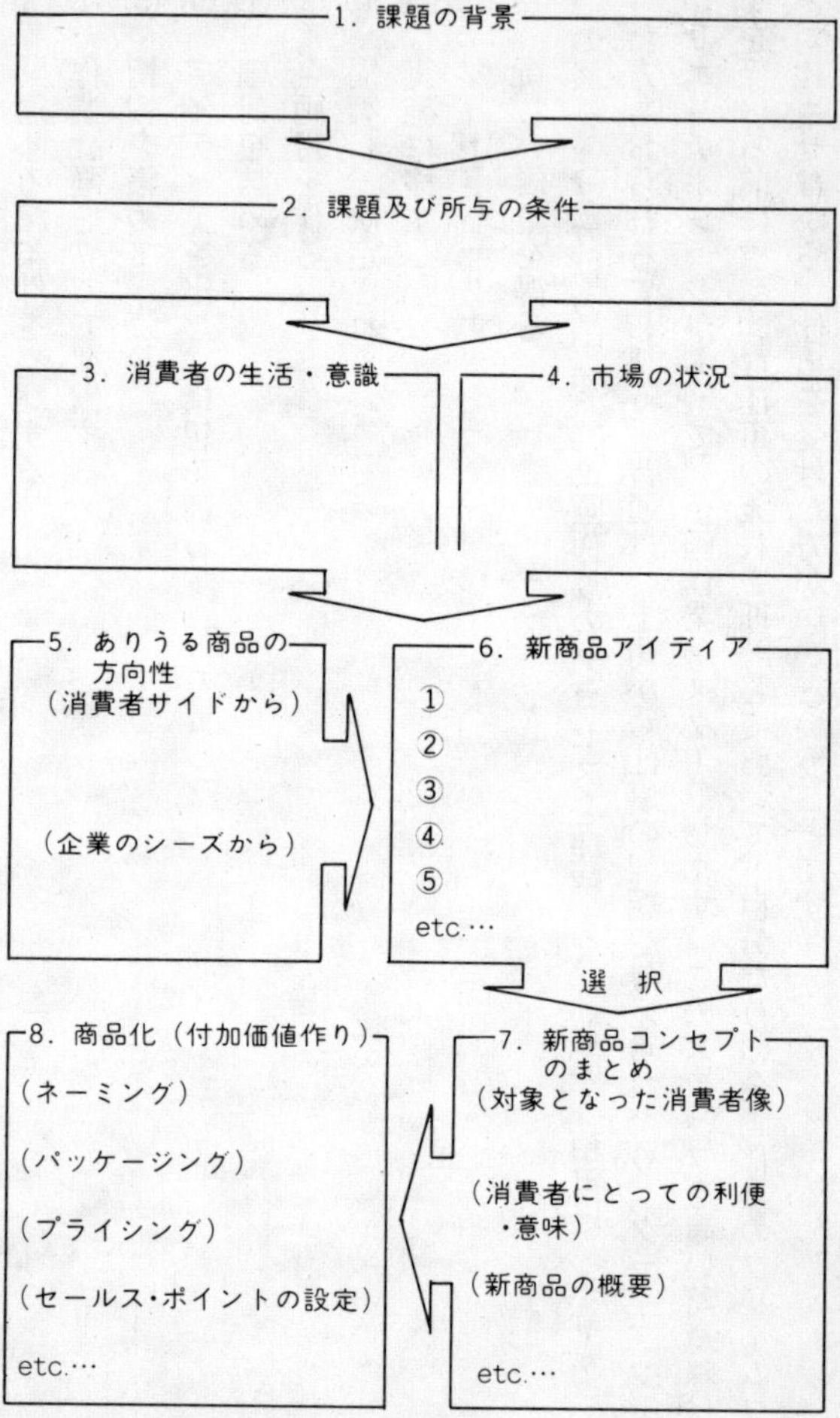

図6　イベント開発企画のフレームワーク

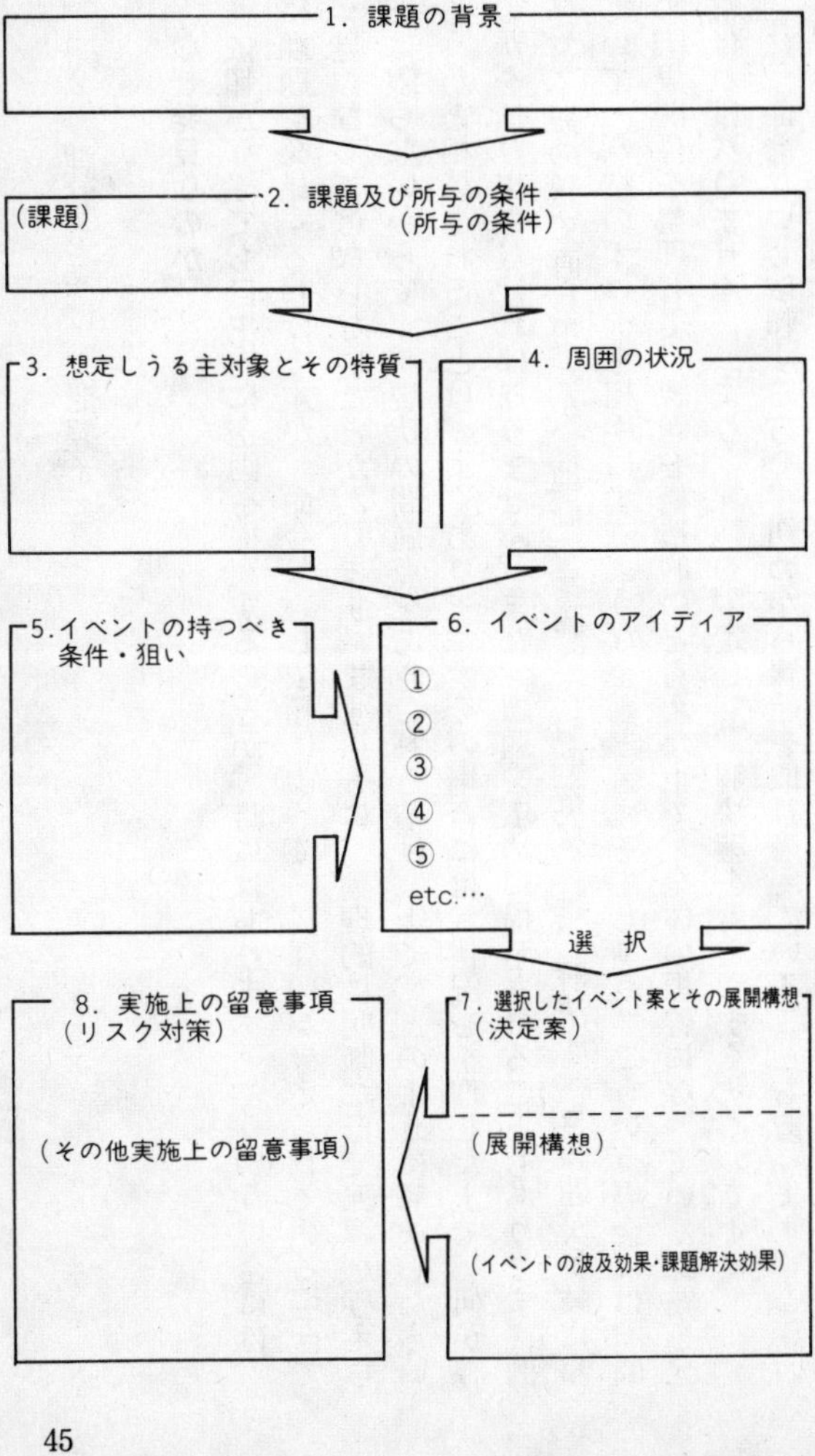

2　課題を発見・把握する

1　なぜ発見なのか

作業依頼がなくても自主的に企画を提案することが、時にはあります。こういう場合には、まさに課題を発見するわけですが、命令ないし依頼によって一見課題が与えられている場合でも、発見しなくてはならないことがあります。まず第一に、論理的に明晰な形で課題が与えられるとは限らないからです。現状の問題点をあれこれと挙げた上で、どのように解決したらいいだろうかと相談されることは、よくあります。その場合には、状況を整理した上で、何が課題なのかを括り出さなければなりません。また、課題を広めに提示されることもあります。例えば経営不振の建て直し策とか、地価の暴騰への対応策などは、解決すべき課題が多岐にわたっていて、八岐のオロチを相手にするような企画と言えるでしょう。こういう場合には、問題点の因果関係を整理して、課題を構造的にとらえた上で、全体の根幹になっている課題を発見しなければなりません。つまり、課題を限定して、解決策を考えやすくするのです。

第二に、命令ないし依頼する方で、初めから課題を取り違えていることもあります。こういう場合には、真の課題を改めて発見しない限り、問題は解決されません。

2　課題把握とその確認

依頼者から課題の説明を受けることを、オリエンテーションということもあります。オリエンテーションを受ける場合には、次のことを心掛けなければいけません。

① 下調べをしておく（相手の置かれた状況、問題点、背景などで、事前にわかるもの）
② メモを詳しく取るだけでなく、言外のニュアンスまで含めて、説明を受け取る
③ オリエンテーション内容を再構成して、課題を把握する
④ 課題の解決策として企画・提案すべき範囲を特定する
⑤ 説明の不十分な点や疑問点を質問し、確認する
⑥ 企画に当たって配慮すべき条件や提案に関する指定（期限、提出先、形式など）を確認する

きちんとオリエンテーションを受けるためには、なるべく二人以上が出席した方がいいのです。そうすれば、一人が詳しくメモを取っている間に、他の一人が相手を観察する
ます。許されれば、テープレコーダーで録音するといいのですが、嫌う人もいます
つける必要があります。そして、終わった後で、議論をしながら、課題の発見・把
す。また、受け止めた課題は、成文化した上で作業プロポーザルに盛り込み、早い
を取るべきです。課題の取り違えは、プランナーにとって、絶対にあってはなりま

3　関連する諸条件を整理する

1　与えられた条件・制約を確かめる

たとえばマーケティング会社が、新商品の市場導入企画を受注して立案する場合なら、新商品の概要は、競合商品は、ネーミングやパッケージングは決まっているのか、全国発売なのか、限定発売なのか、販売チャネルは、プライシングは、セールス・ポイントはなどと、細かく確かめた上で、既に決定していることと、まだ決まっていなくて依頼されている企画の範囲とを区分けしながら、把握していきます。それから、提案すべき企画の形式、提出期限、提出する相手、活用できる情報や調査資料、企画途中でコンタクトが取れる相手方のスタッフといったことを、次々と確かめていきます。そして、これが一番重要な条件になることも多いのですが、決められた企画費の枠があるのか、作業計画とそれに従った見積もりを提出した上で決められるのかを確かめます。こうして、依頼者側の条件や制約事項がはっきりしてきます。

2　自分の条件をチェックする

今度は、自分の側の条件をチェックしなければなりません。企画作業を受けるという前提で考えた上で、自分にどの程度の余裕があるのか、また、手持ちのスタッフで十分に作業を進めていけるのかどうか。機密性の高い作業の場合には、別個に使える作業室がいるかもしれません。内部だけで対応しきれない時には、外部スタッフの協力が必要になるかもしれません。仕事が動きだしてからあわてても、もう遅いのです。他に受けている仕事の見通しを頭に入れながら、まず自分のキャパシティを評価することです。

3　動員しうる資源を確認する

企画作業を進めていくに当たっての資源とは、一体何を指していうのでしょうか。時間も資源の一つですが、それを除くと四つあります。

①　スタッフ（自分自身、自分のスタッフ、依頼者から提供してもらえるスタッフ、使いうる外部のスタッフなど）
②　モノとしての資材（企画作りに使える各種の機材、設備など）
③　企画費
④　情報（アクセスできる情報源、データベースなど）

これら四つの資源が、どの程度動員しうるかによって、企画作業の大枠が決まります。この動員可能性を見きわめた上で、作業計画を立てるのが、現実的です。

4 作業計画を立てて準備する

1 作業計画立案で何が大切か

まず内容の面では、合目的的でなければなりません。ということは、きわめて課題解決志向の強い内容になっていなければならない、ということです。解決策の探索に当てるスタッフ・ワークを、時間的にも、費用的にも、十分に取っておくことが望まれます。次に、バランスのよい、予算的にも時間的にも無理のない計画であること。特に、企画作業は時間との闘いになることが多いので、並行作業をうまく組み込んで、時間に余裕を持たせたいものです。多方面にわたる作業計画の場合には、各現場スタッフの知恵と感覚を盛り込んで作ります。

2 作業計画に盛り込む要素

① 作業課題の確認（論理明快に成文化し、この段階できちんと確認します）
② 所与の条件・制約、動員しうる資源等の確認事項
③ 作業の段取り（仕事の流れと、スケジュール）
④ 作業体制（コア・スタッフだけではなく、協力スタッフや事務局も含めて、つながりと

役割分担がわかるようにします）

⑤　アウトプット・イメージ（何を提案し、それに付随して何を提出するかを示します）

⑥　予算計画

これらの要素は、ほとんどの作業計画に盛り込まれるといっていいでしょう。

3　作業計画立案の進め方

各関係者に必要な取材をした後で、次のような順序で進めていくといいでしょう。

①　企画完成までに必要あるいはやった方がいいと思われる作業を洗いだします（プランナーが自分一人でやるというのではなく、各関係スタッフの知恵と感覚を提供してもらいながらやることは、言うまでもありません）

②　作業の段取りを考えます（洗いだした仕事を、一件一葉でカードに書き写し、カードを並べながら考えるといい。段取りが決まったら、スケジュールを作ります）

③　作業費用を見積もります

④　作業計画書に取りまとめます

作業計画が承認され予算が確定すれば、いよいよスタートです。しかし、今日決めて明日か…動くというわけには、なかなかいきません。水面下で、体制を整えておく必要があります。

情報を集めて、読む

のために必要なのか

成功したり、面白い企画を世の中に送り出した方で、自分のカンだけでやってこられたという人がいます。また情報が多すぎると、そのためにかえって判断を狂わされると、情報過多を批判する人もいます。確かに、カンや感性を頼りに、少ない情報をもとに作っても、企画は企画です。では、プランナーはなぜそんなに情報を欲しがるのでしょうか。その理由は、二つあります。

第一には、仮説の確度を高めることです。たとえば新商品を企画する時には、この種の消費者はこういうニーズを持っているはずだとか、この規格の商品ならばいくら以下の値段にすれば売れるはずだとか、仮説を立てた上で企画を作っていきます。しかし、仮説はあくまでも仮説です。結果によって実証されるままにしていては、はずれた時に膨大な損害をこうむります。企画は、このような仮説の組み合わせの上に成り立っているものですから、少しでも確度を高くして、結果のはずれを小さくしようとしているのです。

第二には、課題への解決策のヒントを得ようとしているのです。新商品でいえば、今自分が欲しいものに関しては、いろいろとアイディアが出ます。しかし、上の世代、下の世代、まったく異なる趣味や生活様式を持っている人達の欲しいものが、どのくらい想像できるでしょうか。できないとは言いませんが、それよりも、その人達をつかまえて直接情報を取った方が、はるかにいいヒントが得られると思います。

2 コストとタイミング

情報を取る方法としては、大別すると二つあります。

① 何らかの情報集積（文献やデータベースなど）から引き出す
② 人から聞く（インタビューや調査など）

前者はコストが見える形で設定されていることが多いので、あまり問題はありませんが、後者の場合には、情報の取り方によってコストが変わってきます。それと、相手がその情報を集めるためにかけたコストに、ややもすると気がつかないことがあります。情報にはコストがかかるものという意識を持つことです。

情報を取るタイミングにも、よしあしがあります。仮説の確度を高めるための情報は、仮説がある程度見えてきた段階でないと、的確に取ることができません。作業計画の中に仮説設定がされていればすぐ作業に入れますが、そうでないと、まず仮説作りの議論を先行させます。

6　アイディアを出し、構想を練る

1　アイディアと構想

構想とは、課題解決の方策を構造的に組み立てたものです。その内容は、

① 解決策を大まかに描いたもの（グランド・デザイン）

② 解決策を実現するための細部の組み立て

からなっています。情報を手掛りにして、考えに考え抜いて構築していきます。その解決策のためのさまざまな着想が、アイディアです。アイディアという言葉は、ギリシャ語で形・姿を意味する「イデア」からきていますが、心の中に浮かぶ像、つまり新しい考え方や思い付きなどの意味で使われています。アイディアを出す段階では、思い付きでかまいませんから、数多くどんどん自由に出していきます。その時に、集めた情報がヒントになります。いいヒントがあれば、より的確なアイディアが出てくる率が高まります。アイディアを十分に出しきってから、選択の段階に移ります。さまざまなアイディアを検討した上で、課題の解決策に結びついていきそうなアイディアを選びます。そのアイディアを選択するとどのような全体像になっていくかを、イメージしながら選んでいくのです。

図7　構想計画の位置

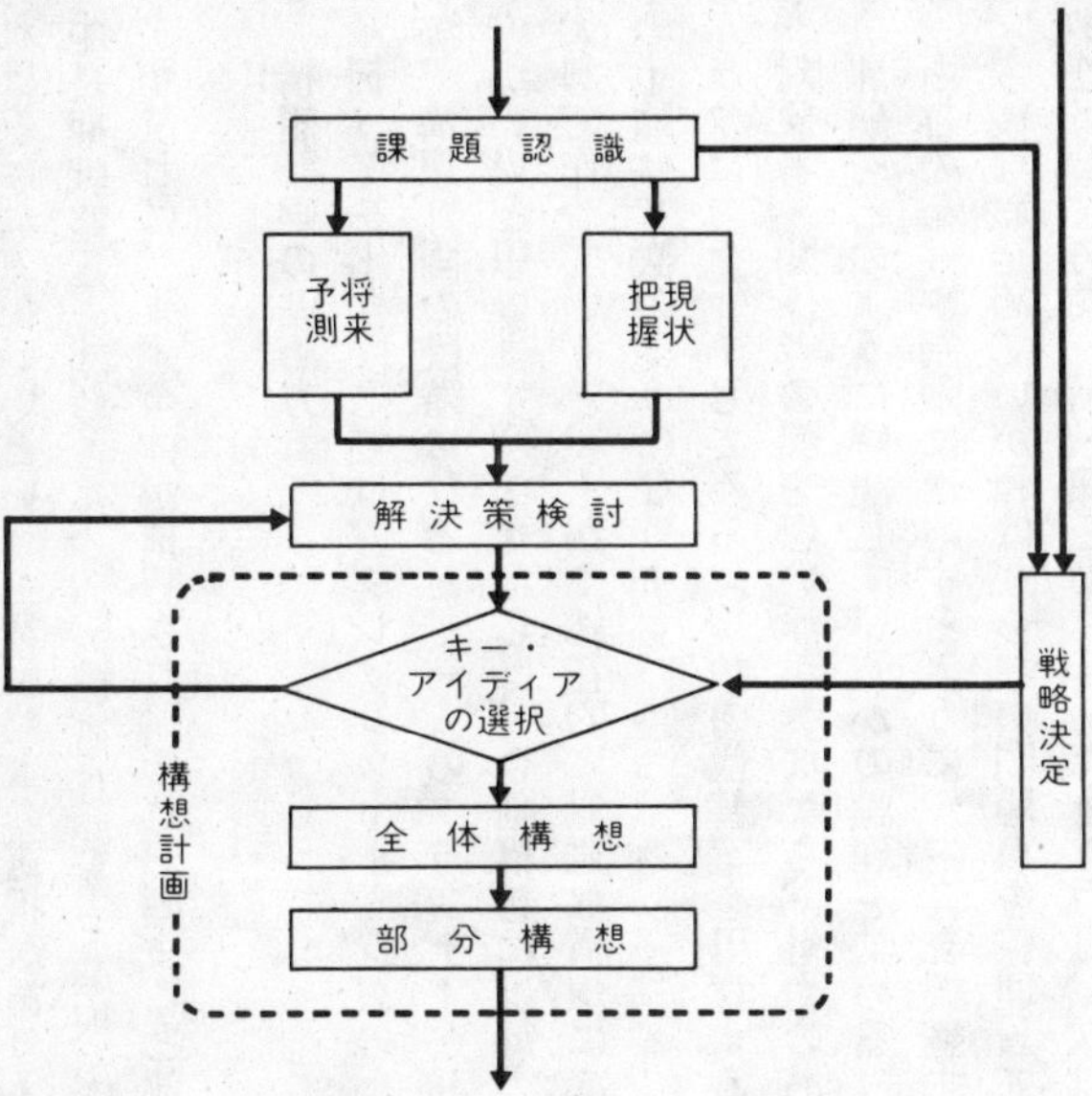

2　構想計画の位置

図7のように、解決策としてさまざまなアイディアが検討された後に、キー・アイディアが選択されます。そのアイディアに企画を十分に支えるだけの力がないということになれば、また前の段階に戻って、解決策のアイディアを検討するのです。キー・アイディアの選択は、その企画だけの評価基準では決まりません。企業戦略上の別な要素を配慮しなければならないからです。たとえば企業のイメージ戦略上の評価があります。その企画に限ればいいアイディアでも、企業イメージを歪める恐れ

があれば避けた方がいいという企業戦略上の選択がありえます。他のプロジェクトへの抵触とか、中長期戦略との調整とか、いろいろな要素で選択が左右されます。そして、キー・アイディアが決まれば、まず全体が構想され、それが固まると部分にわたって詰められます。

3　構想計画の進め方

アイディアを出す段階では、ブレインストーミングのような方法で大勢で考えるのもいいのですが、構想計画の段階になると、一人のプランナーがじっくりと練った原案をもとに、検討する方がいいと思います。なぜならば、企画構想には魅力的な個性が必要だからです。はじめから大勢で作っていくと、とかく総花的に無難な構想になりがちです。

その手順は、次のようになります。

① ラフにスケッチしてみる（複数の代替案を用意する）
② 対象者・関係者の顔を思い浮かべながら、魅力のある解決策になるように考える
③ 課題をどのように解決していくかの論理を詰める
④ 所与の条件や制限に適応するように、内容を調整する
⑤ 今後なお詰めていかねばならない問題点を整理しておく

これを叩いてみて、解決策として十分だとなれば、次は、細部を詰めるステップです。

7　細部を詰める

企画において細部とは、たとえばアート・フェスティバルというイベントを想定しますと、会場の当たりをとったり、招待作家のリストアップをしたり、実施までの詳細なスケジュールを立てたり、費用を試算するといったことに当たります。分けてみると六つになります。

①　構想計画――構想そのものを、細部にわたって詰める
②　運営計画――資材をどのように管理し、活用していくかの計画
③　組織計画――人材の動員計画。組織およびその役割分担など
④　財務計画――各種経費の見積もりおよびその調達方法など
⑤　情報計画（フィードバック計画）――情報の収集・分析・反映の計画
⑥　スケジュール――どういう仕事をどのような段取りでやっていくかの計画

詰めていく手順としては、まず、構想そのものを、部分にばらしてみます。そして、それぞれの部分における目標や条件をはっきりさせて、限定された中での最適な方法を洗いだして組んでみます。その上で、他の部分とのバランスを検討して調整します。これが①に当たります。次に、その構想を生かすように、②から⑥をより詳細に詰めていきます。

8　企画書を作る

1　企画書の役割

企画書は、企画内容が相手方にわかるように、文書の形にまとめられたものをいいます。文書だけではなく、透視図や設計図が付いている場合もあります。さらに最近は、企画内容をVTRにしたりして、必ずしも書とは言えないようなものまであります。いずれにせよ、この企画書には、二つの役割があります。その一つは、企画内容を提案して、その良さや実現性などを納得させて企画の実現を図る提案資料の役割です。提案することは、プレゼンテーションといいますから、プレゼンテーションの道具としての役割と言ってもいいでしょう。

二つ目には、関係者に企画内容を説明し、場合によっては、実施計画のための討議の叩き台になったり、そのまま実施計画になったりする説明資料としての役割です。このどちらの役割に重点が置かれるかで、作り方が少し違ってきます。いずれにしても、相手を意識しながら作るというところに、企画書の特殊性があります。

2　企画書に盛り込まれる要素

まず提案資料としての企画書に必要な要素としては、次の各項目があります。

① 企画の内容――これが鮮やかに描かれていないといけません
② 企画のメリット――どこが優れているか、実施した結果見込める効果など
③ その企画に行き着く必然性――背景分析、代替案との比較検討など
④ 課題解決の保証――課題を確認し、方向を示し、達成効果や有効性を説得するコメント
⑤ 判断のための補足資料――論拠を示すデータなど

こう列挙してみますと、なにか論理的に精緻で分厚な冊子を連想しますが、そういうものでは必ずしもありません。形式は、千差万別です。判断を下す相手方の性格によって、二、三枚のメモであったり、イラストレーションを活かした情緒に訴える資料であったりします。

次に説明資料としての企画書に必要な要素としては、

① 企画内容の詳細
② 企画実現に向けての資源の運用計画
③ 実施の段取り

などがあるでしょう。これらの要素のどれをどの程度にまとめるかは、企画書自身の位置
と、相手方の状況によって、変わってきます。ほとんどの場合に企画書を作ることにはな
すが、企画作りのステップにおいて、書式の整った企画書が絶対に必要とは限りません。

9　提案し、決定される

企画作業においては、企画がまとまった段階で、プランナー・サイドから企画実施責任者に企画内容を提案し、実施が決定されることが一つの区切りになります。企画の提案をプレゼンテーションと呼んでいます。企画や企画書のよしあしとは別に、プレゼンテーションそのもののよしあしによって、企画の行方が左右されることもあり、企画作りのステップの一つとして研究しておく必要があります。そのためには、

① プレゼンテーション作業の特徴をよく理解しておく
② プレゼンテーションに使われる機材を知る
③ プレゼンター（プレゼンテーションをする人）のノウハウを知る
④ 評価のされ方とフォローの仕方を知る

ことが、それぞれ大事です。

1　プレゼンテーション作業の特徴

次の五つの特徴を頭に入れておくといいでしょう。

①　相手のある仕事であるということ

プレゼンテーションに立ち合っていますと、自分が話していないだけに、客観的に観察する余裕がありますから、よくこのことを感じます。創業経営者に時たまあるタイプですが、背景の分析から始めて企画に行き着く筋道を説明しようとしていると、目に見えてイライラしていることがわかることがあります。結論を早く聞きたい、結論さえ提示してもらえれば自分は判断を下せる、という意識があるわけです。こういう相手には、まず結論を提示しておいて、その是非を思案している顔色をみながら、理由付けを説明すればいいのです。ただし、背景の分析から始めて論理的に説明しないと納得しないタイプの相手もいますから、同じ企画でも、提案の仕方は相手によりけりだということです。

言葉づかいも、相手によって変えた方がいい場合もあります。これも立ち合っていて気づいた例ですが、プレゼンターが自信を持って説明していても、なぜか相手の乗りがよくない様子でした。企画内容には、私も自信がありましたので、なぜだろうかと考えながら見ていますと、原因は言葉使いにありました。マーケティングの専門用語をキーワードにして説明していたのですが、その言葉の意味を知らなかったのでした。かといって、中断して聞き返すのもはばかられるという、微妙な心境にあったわけです。ちょっとした途切れに割り込んで、補足説明をするようなふりをして、それとなく専門用語の説明を加えて、この後はスムーズにいきましたが、術語を振り回すのもよしあしです。

② 企画あってのプレゼンテーションであること

プレゼンテーションのために、企画書を作ったり、パネルボードを作ったりして準備しますが、主役はあくまでもそれによって説明する企画そのものだということです。ともすると、企画書を説明することになりがちですが、目的は企画を提案することですから、企画のよさを増幅して相手に納得させなければなりません。

③ 共同作業であるということ

実際には共同作業で分担しながらプレゼンテーションの資料を作っていきますが、いざ説明する時には、それらの材料が混然一体となって、筋が通っていなければなりません。プレゼンテーションの素材がバラバラなイメージを与えたのでは、企画を実施する時にもバラバラな仕事になるのではないかというイメージを与えかねません。

④ コミュニケーションの場であること

単に機械的に説明をすればいいといったものではありません。その場ですぐ結論が出されることもあります。企画を売り込むための駆け引きをしながら、臨機応変のやりとりをしなければなりません。

⑤ 前後を含めてプレゼンテーションであること

企画説明の場になって初めてプレゼンテーションなのではありません。事前の準備段階から既にプレゼンテーションは始まっているのです。また、説明が終わった後のフォロー工作までも含めてプレゼンテーションであるという意識を持ちたいものです。

2 プレゼンテーションの準備

オリエンテーションで指示された課題の確認や、企画作りのステップまでを含めて、準備と考えてもいいかもしれませんが、企画の説明資料の制作と説明に限ってとらえると、次の六つの準備があります。

① 情報収集・準備工作

どのようなプレゼンテーションが望ましいのか、相手先の決裁の仕方や決定権者の指向などを調べてプレゼンテーションのあり方を検討します。また、競合プレゼンテーションの場合には、競合相手の出方を読みます。

② プレゼンテーション・プラン作成

決められた時間に合うように、ストーリーを作り、必要な説明素材の計画を作ります。ドラマを書くように、演出も考えて計画します。

③ プレゼンテーションの素材準備

企画書、パネル・ボード、スライドなどの制作です。
④　プレゼンター（およびその分担）の決定
⑤　リハーサル
⑥　機材等の確認・場所の設営

3　プレゼンテーションに使われる素材

企画書が一番基本的な素材ですが、その他に、次のようなものが使われます。
①　フリップ・チャート
紙芝居方式のプレゼンテーションです。フリップ・チャートとは、少しかしいだ板にもたせかけながら、一枚ずつめくって説明していく形式のチャートをいいます。アメリカでは、出来合いのプレゼンテーション用具として売られていますが、日本ではあまり見掛けません。
②　パネル・ボード
③　スライド
相手を画面に集中させる効果は高いのですが、室内を暗くしますので、ダウン・ライトの設備があるプレゼンテーション・ルームでないと、相手の方がメモを取れません。
④　VTR

画面が小さくてスライドほど迫力はありませんが動かせますし、回覧するのに便利です。
⑤ＯＨＰ
ワープロ、複写機、ポータブルＯＨＰ発達によって、とても使いやすくなりました。

このほかにも、16ミリ映写機、テープ・レコーダー、コンピュータ端末などがあります。

4　プレゼンターの心得

企画の説明者をプレゼンターといいます。その心掛けとしては、次の各項目があります。
①礼儀正しく話す
②落ち着いて、自分の持ち味で話す
③企画内容は、頭の中に入れておく
そうしないと、自分の言葉で説明することができません。
④大事なポイントに重点を置いて話す
説明にメリハリがないと、相手を引き込むことができません。
⑤伝えたいという情熱をこめて話す
⑥相手の反応を見、こちらもそれに反応しながら話す
場数を踏んでくると、これらのことが、あまり意識せずにできるようになります。

10　実施に移す

企画が決まれば、次は実施の段階です。実施段階に入って、まずやらなければならないことは、実施計画を作成することです。もちろん、当初の企画においても実施を前提にした段取りを計画してはいますが、企画決定に当たって実施の仕方にいろいろと条件が付くこともありますし、この段階から新たなスタッフが入ってきて、その人たちの知恵を入れて企画をさらに詰めることも多いのです。

実施に当たって留意すべきことは、四つあります。

① 当初計画の趣旨が、実施の現場で歪められないようにすること

このためには、現場担当者に渡す指示書やマニュアル（イベントなどでは運営マニュアルを作ることも多い）の中に、単に作業の指示だけではなく、企画の趣旨についても触れておくといいのです。そのことによって、現場の担当者が企画の趣旨を活かすような方向で、創意工夫することができます。また、プロデューサーがいる場合には、現場の動きを見ながら、企画の趣旨を活かすような方向で調整していくこともできます。企画は、部分的な最適解の組み合わせで全体の成果が上がるという性格のものではないのです。全体を貫く大きな狙いやテーマが

一本通っていることが、大切なのです。

② しっかりした作業管理体制を作る

そのためには、ロジスティクスともいうべき事務運営の体制を、きちんと組まないといけません。そして、人の動き、資材の動き、お金の動き、情報の動きなどを、一カ所に集中して管理することが必要です。

③ 予期していなかった事態への臨機応変の措置を敏速にする

実施段階では、当初の計画では予期していなかったことが間々発生します。そういう事態の発生を避けられないものとして、起きた時の損失を最小に食い止めるように対応するために、あらかじめリスクへの対応策を作っておくといいのです。このように、計画的にリスクへの対応を図ることをリスク・マネジメントといいます。また、リスクということではなくても、いろいろと臨機の措置が必要な状況が発生します。その時に企画実施責任者の決裁を一々仰いでいたらタイミングを失するということも、起こりえます。そこで、あらかじめある幅の権限をプロデューサーなり現場責任者に与えておいて、敏速な対応を図る必要もあります。

④ 現場担当者の熱意と創意を呼びさます

企画の実施における成功は、当初計画をそのまま実施しえたことだけでは、不十分です。実施担当者の熱意と創意によって、錦上に花を添えることによって、さらに成果が挙がります。

11　フィードバックする

実施に移されれば企画は終了かといえば、そうではありません。企画の実施結果によって、場合によっては企画そのものの修正をも図らねばならないからです。時によっては、実施の途中からでも、手直しが始まります。

実施計画には、フィードバックの仕組みを組み込んでおかなければなりません。どういうことかと言えば、実施した結果による反響を把握し、その内容によっては企画そのものを手直ししていくことを可能にするような方法を持つということです。まず反響を把握する仕組みとしては、モニターや調査があります。一定の時点で情報が取れるようにしておくわけです。

もし、企画になんらかの問題があるようなら、問題の個所を手直しします。実施の途中で、構想そのものを修正することは滅多にありませんが、構想に問題があるようなら、次の機会に再検討をします。しかし、フィードバックできるように、情報を収集する仕組みを初めから組み込んでおかなければ、問題点をなかなか発見できません。新商品開発企画では、テスト・マーケットといって、地域や対象者を限定して発売し、その反響によっては構想そのものにも手直しを加えるという仕組みを作って実施に移すことがよくあります。

図8　企画作りのステップとフィードバック

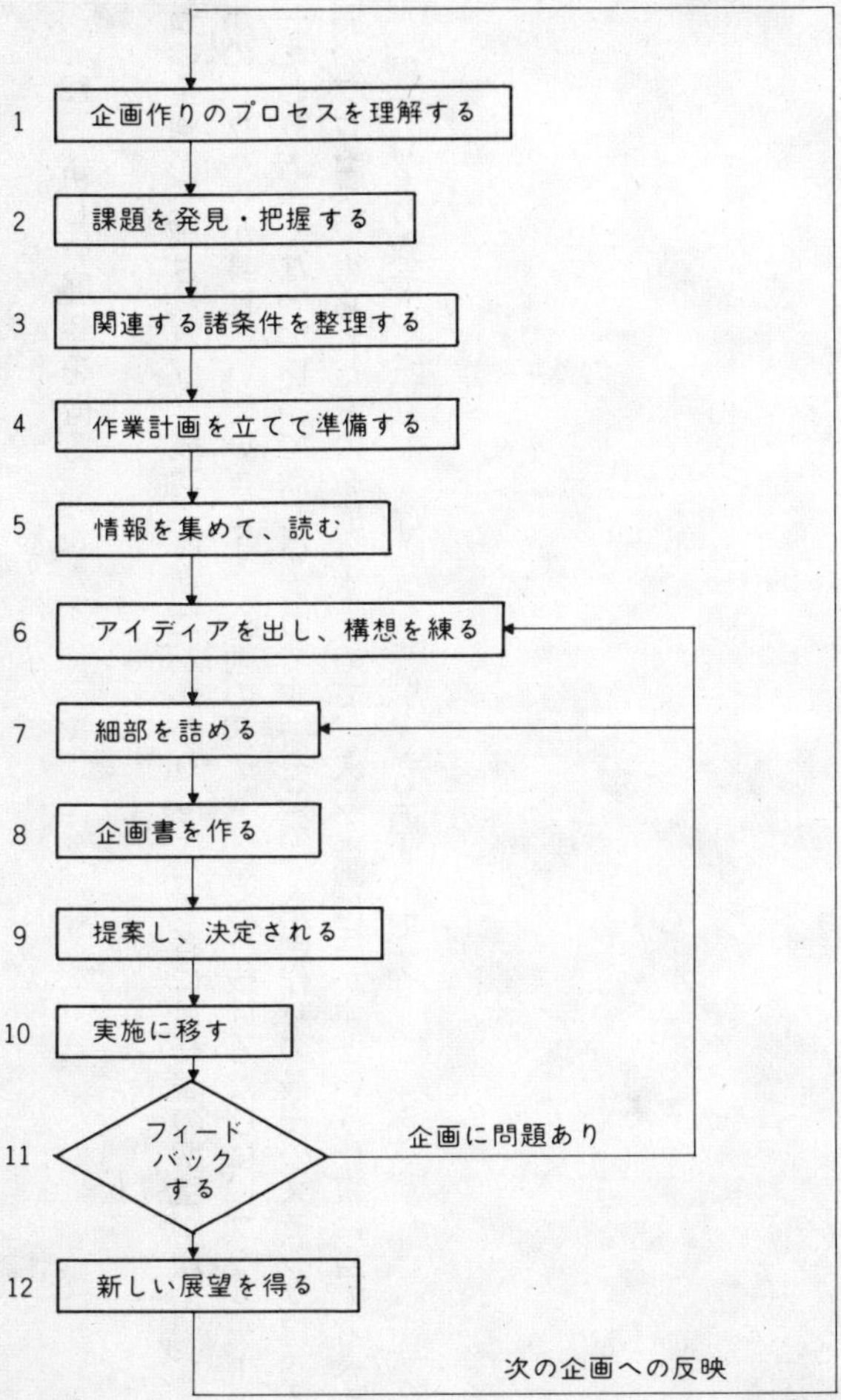

12　新しい展望を得る

一つの企画が実施されれば、成功不成功にかかわりなく当事者には経験の蓄積が増え、なにがしかのノウハウが身についていきます。企画のステップを通り抜けるたびに、プランナーとして一まわり大きくなっていって欲しいものです。そこで、企画作りの最後のステップは、その企画のプロセスで得られたものを取りまとめて、次の企画に活かすという仕事に当てるべきです。「歴史はくり返す」といわれますが、企画もくり返すのです。

Ⅳ　情報の収集・整理と読み方

情報集めの基本的なポイントは、

①　収集計画を立てて計画的に集める
②　コストをかけて、いい情報を取る
③　情報が次の情報をもたらす
④　百聞は一見にしかず
⑤　普段から集めておく
⑥　独自の情報を集める
⑦　仮説を持って集める

情報の読み方の秘訣は、「情報は、ナルホド、ヤッパリ、オヤ？と読む」

1　情報の特殊な性格

前章では企画作業の大きな流れを十二に分けてとらえましたが、このうち、課題を受けてから提案し決定されるまでの過程の中で、情報の収集・分析にはどの程度のエネルギーが割かれるものでしょうか。経験的には、三から四割位はこれに掛かっているような気がします。分けてみますと、

① 三分の一が情報の収集・分析作業
② 三分の一がアイディアの発想から構想計画およびその詰め作業
③ 三分の一が残りの全作業

という割合になろうかと思います。この割合を見ても、いかに多くの努力がここに傾注されるかが、おわかり頂けることと思います。

情報の収集・分析を、量的に大きい仕事というだけではなく質的にも難しい仕事にしている理由は、情報のやや特殊な性格にあります。その性格の第一は、現代のような情報化社会にあっては、流通している情報の絶対量がとてつもなく膨大だということです。ある分野の情報が必要になったとしても、そのすべての情報に触れることは、多くの場合、限られた時間の中

では不可能なことが多いと思われます。ですから、何らかの基準で選択して収集し、また、選択して読み込まないと、無駄の多い作業になりかねません。

次に、情報の形態も多様化していることです。情報を蓄積されている形態で大別しますと、人間の知識なり記憶なりとして個々の頭脳に蓄えられているものと、新聞記事なり図書なりの形で固定されているものに分かれます。その固定の仕方には、マイクロフィルムとか、ビデオテープ、コンピュータの記憶装置のように、新しい形態が次々と生まれています。ただし、これらの新技術を使ってたとえば電子図書館のように、二次情報が整理された形で蓄積されるようになることは、多様化ではあっても、情報洪水の中にあってより検索しやすくなる要因です。

読み終わった昨日の新聞紙は、情報を特に必要としない人にとっては単なる紙屑ですが、消費者情報を収集するためにスクラップしようとしている人にとっては、貴重な情報源です。こういうことが知りたいという、情報への欲求があって、はじめて情報としての価値が生まれます。プランナーにとっては、企画作業に役立つ見通しがあってはじめて情報と言えるのです。それぞれの情報源は、必ずしも情報ニーズに対応して作られているわけではありません。また作られていたとしても、プランナーの情報ニーズとは、かなりの距離があることでしょう。ある角度で光を当てないと価値を示さない無数の情報に、課題に応じた光を当て、切り出していくという作業をしていかなければならないのです。

2　一般的な情報源のいろいろ

さまざまな情報が蓄積されていたり流通していたりする場所があります。また、情報を持っている人もいます。プランナーは、あまり時間がかからず、お金がかからず、なおかつなるべく効率よく情報が集められる場所や方法を心得ていなければなりません。ここでは、一般的な情報源として、よく使われているものを挙げてみます。

1　情報源としての人

人から話を聞いたり、人の行動を観察したりして情報が取れます。人といっても、誰でもいいということではありません。ある分野の情報を持っている専門家であるか、企画の対象に考えている分野に属している人達です。

専門家からのヒアリングによって情報を集めることはよくありますが、その名前を企画の権威付けに使う目的でもない限り、有名な専門家からは、費用が掛かる割りには、その著書などから得られる情報を越えて、いい情報が得られるということはないものです。無名ではあっても、その分野の第一線で現に活躍している人の方が、いい情報源になります。問題がいくつかありますが、その第一は、存在がつかみにくいということです。アメリカのコンサルタント会社で、外部の専門家を使って企画を練るのを売りものにしているところがありましたが、この会社では、三五〇〇人以上の専門家のリストをコンピュータに入れて、ブレイン・バンク（頭脳銀行）と名前を付けて管理していました。雑誌の署名記事、政府のレポート、学術誌などいろいろなところから集めたと言っていました。将来必要になりそうな分野に関しては、日頃から人材情報を集めておくことが大切です。

次の問題は、機密事項を洩らしたくないという意識もあってか、取材に協力してもらえないことです。この点では、報道機関が取材するよりも壁が厚いような気がします。これに対しては、取材の意図、情報の使い方についての限定、謝礼の仕方などについて説明した上でお願いするしかありませんが、間に紹介者が入ることによって、解決することもあります。

企画対象層からの情報は、専門会社に外注した調査によって得られることが多いと思いますが、そこまで時間とお金を掛けなくても、家族、知人、ご近所の人など、身近なところにちょうどいい対象者がいることも多いものです。私も、新商品開発の企画で、ご近所の主婦を集めた座談会をやったことがあります。このような場合に、これらのお手軽に得られる情報は、主として仮説を作るための情報として使うようにし、判断を下すための情報としては慎重に扱う方がいいでしょう。お手軽調査には、それなりの偏りがあるからです。

2　新聞・雑誌の記事

プランナーで新聞・雑誌のスクラップをやっていない人は、ほとんどないと思います。新聞・雑誌がなぜいい情報源になっているのか、理由を挙げてみましょう。

①　専門分化がされている

膨大な、その多くは無関係な情報の中から必要な情報を探すことを考えた時、まずその専門性でフィルターがかけられているのは、仕事がとても楽になるということです。たとえば化粧品に関連した企画を作ることになれば、「国際商業」（月刊）、「ＣＩＲ」（月刊）、「週刊粧業」などのバックナンバーを三年分も目を通せば、業界事情の大要はわかります。玩具なら「トイジャーナル」（月刊）、「トイズマガジン」（月刊）がありますし、飲食業なら「飲食店経営」（月刊）、「近代食堂」（月刊）、「月刊食堂」などがあります。

②　情報量にくらべてコストが低い

特に商業紙誌は、同時に広告媒体にもなっていますので、情報当たりのコストが低くなっています。

③　編集者側に情報源としての意識がある

すべての紙誌ではありませんが、情報として活用しやすいように配慮した編集の記事も多いのです。たとえば、専門誌の多くには各見開きページに誌名と発行年月を入れてあり、その記事のみを取り出して情報として整理する時の便宜を図っています。

④　新聞の場合には、データベース化が進んでいる地方紙を含めて、主要な新聞では、縮刷版が作られています。これも、遡って情報を探すのに便利になっています。いくつかの新聞では、マイクロフィルムにしたり、記事内容をキーワードを付けてコンピュータで検索できるようなデータベースにしていたりします。これによって情報検索がしやすくなっています。

このように、新聞・雑誌は、それだけでも安価ないい情報源なのですが、これにさらに手を加えて、自分独自の使いやすい情報源にしていくのは、プランナーにとって努力しがいのある仕事です。それがスクラップです。整理にあまり時間の掛からない、使いやすいスクラップ資料を持つことは、プランナーの情報力を広げてくれます。

3　テレビ番組などの映像情報

特に消費者情報については、映像資料の形で、貴重な情報が取れることがあります。しかしこの場合の問題は、VTRなどで固定しないと使いにくいということです。また、固定し忘れると、消えてしまうということもあります。著作権法上の問題はどうなっているのか知りませんが、過去の番組をVTRにして提供するというサービスをしている会社もあります。

4　報道機関（特に専門紙誌）

新聞・雑誌の記事はもちろん貴重な情報源ですが、それに劣らず、その記事を作っている編集者がいい情報源となります。通常記事になるのは、取材・収集している情報のほんの一部ですから、もし編集者から話が聞ければ、背景までも含めた幅の広い情報が得られる可能性があります。しかし問題は、外部の取材への応対は編集者の本来の仕事ではないということです。紹介者を通じて取材させてもらうようにするか、ギブ・アンド・テイクで情報交換の形で会うことができるか、講演ベースで依頼することができるかのいずれかです。一番活用しやすいのは、自分自身で報道機関に大勢の友人知人を持っている場合です。

特定の分野に関しては、一般紙の記者よりも専門紙誌の記者の方が、はるかに詳しいものです。また、その分野における専門紙誌の情報集積には見るべきものがあります。餅は餅屋ということでしょう。専門紙誌では、その分野の資料集や年鑑を編集していたりして、お金を出せば入手できるいい資料があることもあります。そのような資料は、一般の書店ではあまり取り扱っていませんから、専門紙誌に直接問い合わせるといいでしょう。

報道機関から取材する時に心掛けないといけないことは、企画に関する機密の保持です。質問をすることによって、こちらの考えていることが相手に見透かされることがよくあります。取材をするつもりが、逆に取材されてしまっては、なんにもなりません。

5　図書・刊行物

書店を通じて購入できる図書もいい情報源です。専門書を数冊集めれば、その分野の概略の知識が得られるだけではなく、その本の著者を含めた専門家の名前とその他の文献名が得られます。ただ出版点数にくらべて書店のスペースは小さいですから、八重洲ブックセンターや丸善のような大型店でも、すべての図書を在庫にしておくわけにはいきません。そこで、図書目録類や書店に端末が置いてあるデータベース・サービスで、必要と思われる図書名を調べた上で、書店の棚を捜した方がいいと思います。在庫切れの場合に、書店を通じて注文を出しますと、意外な時間がかかることがあります。したがって、急いでいる時には、版元在庫を確かめた上で直接注文した方が確実です。図書の中でも、事典、資料集、カタログ本、年鑑などは最初に参照して概略の知識・情報を得るのに便利ですから、将来使いそうな分野のものは、常備図書として身近に置きたいものです。

書店で売られている本でなくても、情報源として役立つ刊行物があります。電話帳もそうです。NTTの職業別電話帳の他に、在日外国人用のイエローページや、さまざまな編集の電話帳があります。それぞれに情報源として使えます。社史を始めとする企業出版物も、いい情報源になります。会社案内や製品カタログ、各種のパンフレットなど、いずれも圧縮された情報が詰まっています。

6 図書館・資料館・PR館・博物館

専門的な情報を必要とする時には、専門図書館がいい情報源となります。また、UFO情報とかミニコミ紙誌とかに専門を絞った資料館（必ずしも建物ということではなく、他の施設の一室ということもありますが）や、企業や自治体などのPR館も、企画のテーマによっては、いい情報源になります。たとえば東京都世田谷区にある「大宅壮一文庫」は、約六千種類二十万冊の雑誌を収集してそれらの記事索引を用意しているユニークな図書館です。元は評論家の大宅壮一氏の資料室でしたが、同氏の没後、遺言によって公開の図書館になったものです。世相・人情に関する雑情報を集めるのに向いています。東京銀座にオープンされた銀座熊本館には、一種の情報拠点として、PR素材だけではなく、熊本県に関する各種の資料が用意されています。このようなPR館にも、企画のテーマに合わせて情報源として活用できるところがいろいろあります。

企業が広報活動の一環として設けている資料館や企業博物館の中には、情報源として優れた機能を持つものが少なくありません。たとえば東京銀座にある出版社マガジンハウスでは、本社ビルの二階に「ワールド・マガジン・ギャラリー」を設けて、世界各国の雑誌を無料で展示しています。企業博物館の中には、単に資料を展示しているだけではなく、学芸員を置いて研究活動を行っている館もあります。こういう館では、取材もできます。

7　企業・業界団体

広報・ＰＲの考え方が浸透してから、企業も取材に対してオープンになり、情報源として活用しやすくなりました。概して、広報に力を入れている、また広報組織のある企業の方が取材しやすいし、同じ業界でも、化粧品なら資生堂、広告なら電通のようなトップ企業の方が、情報も豊富だし取材にも協力的です。ただし、企業は営利事業をやっているのですから、自社に何らかのメリットがない限り、協力してくれるということにはなりません。そこで、ある企業から情報を取りたいプランナーは、正面から情報が取りにくい時には、いろいろとルート探しをするのです。企業によっては、ショールームを持っているところもあります。こういうところでは、はじめから外部への情報提供を意図していますから、取材はしやすいのですが、ショールームから取れる情報には限界があります。広報部経由で取材できれば、その方がいい情報が得られますし、さらに良質な情報を求めてルート探しもするのです。

たとえば石油に関連する問題なら、個別の石油会社よりも石油連盟が、資料も作っているし取材の窓口としても組織が整備されています。このような業界団体も、情報源として考えられることがあります。しかし、ここでも企業からの取材と同じ問題があります。プランナーの企画のための取材は、報道機関の取材のようにはいきません。ただ企業にくらべれば、直接的な競争をしていない分、取材が楽だということは言えます。

8　官庁・外郭団体

政府各官庁や地方自治体は、それぞれ担当している分野において、詳細な情報を把握しています。日本の行政府は、不必要なまでに企画立案機能を内部に持とうとしていますから、そのための基礎資料として情報収集に力を入れているのです。しかしこれらの情報は、もともと自分たちの用に供しようとして作っているのですから、情報公開を要求する声は年々強くなるものの、民間のプランナーにとっては、なかなか自由に活用できません。その中で、各官庁の年次業務報告書ともいうべき二十点を越える白書類は、企画の基礎資料として使える情報を含んでいます。特に、「経済白書」、「国民生活白書」、「青少年白書」などは、色々な企画の参考資料として使われています。また、各省庁からの委託研究の報告書や調査報告書にも、情報源として使えるものが沢山あります。世論調査結果は、「月刊世論調査」（総理府広報室発行）に発表されています。官庁調査で企画に一番よく活用されているのは、家計支出の実態を把握しようとする「家計調査」（総務庁統計局）でしょう。政府刊行物は、全国九カ所にある政府刊行物サービス・センターと全国五十六か所にある政府刊行物サービス・ステーション（官報販売所）で販売されています。

官庁の外郭団体の中には、調査を受託したり独自に情報を収集したりして、いい情報が蓄積されている機関もあります。これらも情報源になる可能性があります。

9　有料データベース

日本の代表的なデータベースである「JICST科学技術文献ファイル」の場合には、学会誌、業界誌、企業の技術報告誌、会議録、図書、学位論文、新聞記事その他から集めた、約六百万件のデータが収められています。サービスの加入者は、件名、分野、人名、発行年およびそれらの組み合わせから、必要なデータを、コンピュータ端末を操作しながら検索することができます。また、日本経済新聞の記事情報を検索できるデータベース・サービス「NEEDS－IR」には、日経本紙、産業新聞、流通新聞を始めとする商業紙誌の記事がファイルされていて、キーワードによって、オンラインで検索できます。縮刷版をめくりながら探すことにくらべれば、情報収集の時間は、著しく短縮されたわけです。有料データベースとは、このような、コンピュータを使ってオンラインで情報を検索できる、有料のサービスをいいます。

有料で検索できるデータベースの内容は、新聞記事、民力資料、学術文献、登録商標など、さまざまです。データベース・サービスを管轄している通産省は、データベースを提供している事業者に、サービス内容や特徴、利用方法などを申告させて、一件一ページで紹介した「データベース台帳総覧」という分厚い本にまとめて公開しています。この本を参照すれば、現在日本で利用できるデータベースがわかります。その中には、海外のデータベースを日本から直接オンラインでアクセスできるものも含まれています。

3　情報の集め方

1　情報集めの基本

情報を集める際に、心得ておかなければならないいくつかの基本的なポイントがあります。その第一は、

① 収集計画を立てて、計画的に集めること

です。図9は、私が広告代理店でプランナーをやっていた時に手がけた、競合プレゼンテーションの作業フローです。五月十一日から六月十六日まで、約五週間の仕事でした。大阪に本社を置く大手流通業のD社が、千葉県津田沼（習志野市）駅前に大型のGMS（ゼネラル・マーチャンダイズ・ストア）を出店するに当たって、広告代理店三社にオープニング企画の競争を依頼したのです。当時私のいた会社では、まだD社の取り扱いはなく、D社そのものの研究から始めなくてはならないありさまでした。企画を担当させられた私も、流通業の企画経験は百貨店しかなくて、GMSがどのような業態なのか、まるで見当がつきませんでした。そこでまず、三種類の情報を集めようと計画しました。その一つはD社と今計画されているGMSという業態についてです。二番目には津田沼商圏に関する情報です。さらには、津田沼に買い

図９　Ｄ社津田沼新店オープニング企画作業の流れ

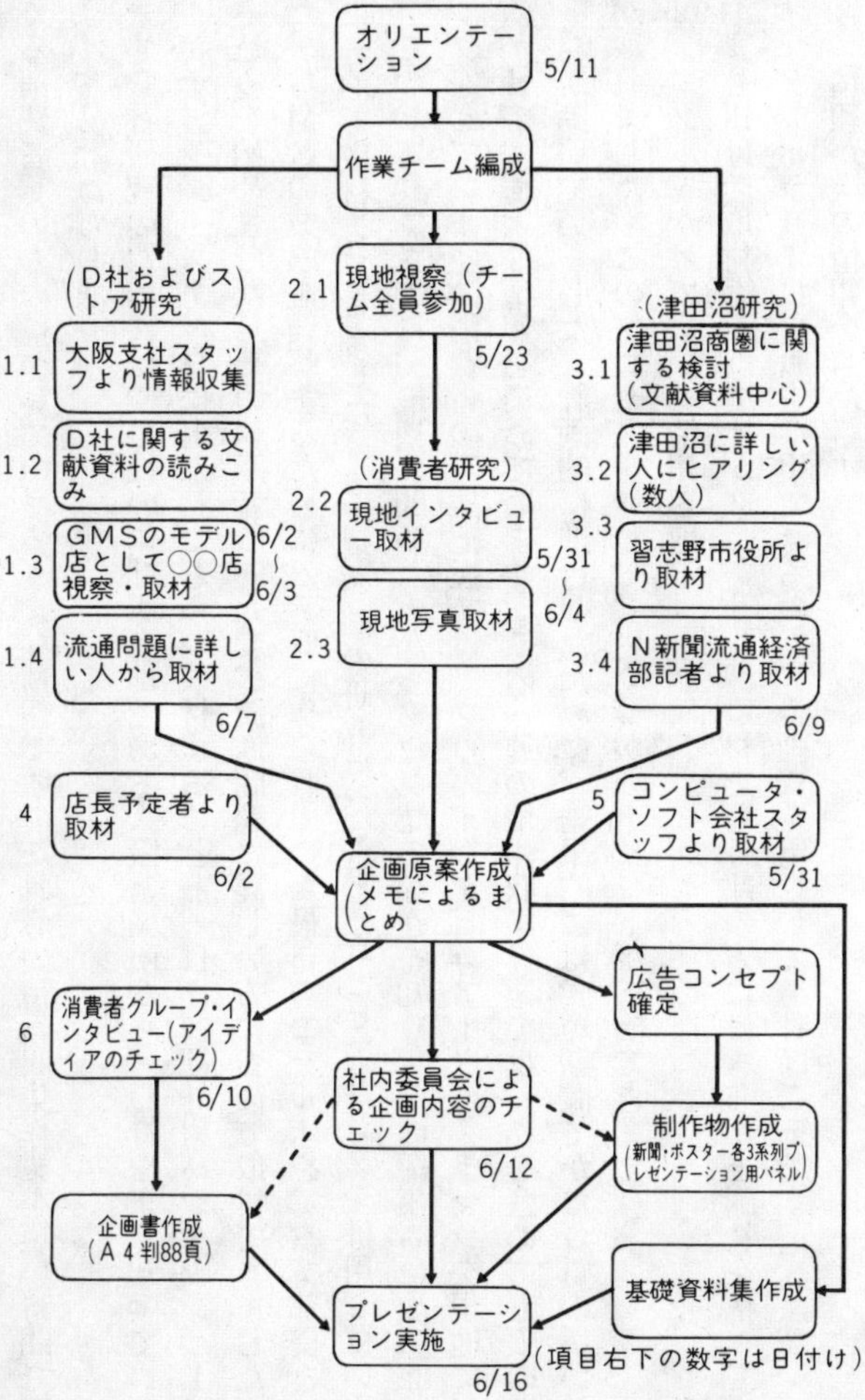

にくる消費者そのものについてのさまざまな情報です。これらの情報収集作業を短い時間で要領よくやらねばなりません。

まずD社研究のためには、D社の本社所在地である大阪営業所から、D社をよく知っているマーケティング・スタッフに上京してもらい取材することと、D社の社外報バックナンバーの読み込みを始めました。その執筆者の一人で、流通問題に詳しい方にも後で取材できました。

また、GMSの業態を理解するためには、既に作られていた最新のモデル店を、営業部員と一緒に一泊で取材してきました。津田沼商圏の研究は、文献調査とヒアリングを併用しています。このヒアリングでは、最初に聞いた人からタウン誌の存在を知り、その編集者に次のヒアリングをしています。消費者の実態把握では、プロのインタビュアーとカメラマンを現地に張りつかせて、膨大な情報を集めています。この一連の情報収集作業では、私を含めて五人のスタッフが動いていました。計画的に進行したために、結果的には、短期間でかなり質のいい情報が取れました。このプロセスを通じて、いくつかのポイントが指摘できます。

② コストをかけて、いい情報を取る

泊まり掛けの取材もそうですが、ヒアリング取材でも外部の方にはきちんと謝礼を払っています。テンポラリーにプロを活用できるのも、企画費を用意してあればこそです。

③ 情報が次の情報をもたらす

作業の進行につれて、次々と新しい情報源が登場してきているのがおわかりだと思います。情報が次の情報をもたらしているのです。ということは、情報収集作業の初期の段階では、いきなりいい情報源に行き着かなくても、いい情報源を見つけるための情報がまず見つかればいいということも言えます。情報源情報の大切さです。次々と手繰っていきながら、いい情報にたどり着くようにするのは、情報集めの基本です。

④　百聞は一見にしかず

ＧＭＳがわからなければ現物を見て理解する、消費者像は肉声と写真でとらえる、という情報収集の方法を取っています。企画作りのプロセスで、仮説を作ったりアイディアを練ったりするためのヒント情報としては、二次的な情報にばかり頼らずに、現場からなるべくナマの情報を集める方がいいのです。プランナーが自分で現場に足を運んで集められれば一番いいのですが、この例のように時間がない時には、そうもいきません。企画会議の合間に、街角で、団地で撮られた消費者の写真を見ながら、インタビューのテープを流しっぱなしにして、インタビュアーを含めたスタッフ全員で、気の付いたことを出し合いました。

⑤　普段から集めておく

作業の流れを見るとおわかりのように、早い段階で、文献資料をチェックしています。このほとんどは、会社の資料室にあったものです。最初のとっかかりとしては、まずまずの資料でした。資料担当者が、将来役に立つかもしれない資料を集めておいてくれたからです。企画競争は、企業同士の総力戦ですから、こんなところでの差も物をいいます。いざ仕事という時に使いやすい情報がある資料室であるためには、プランナーが、資料室の使い勝手について常に関心を持ち、将来自分が使うかもしれない資料を通知して、充実を図らねばなりません。

⑥　独自の情報を集めること

新しい仮説、新しいアイディアを産み出すためには、独自の情報が必要です。文献情報だけではなく、人を追い掛けて情報を取ろうとしているのは、そのためでもあります。途中で、コンピュータ・ソフト会社のスタッフから取材しているのは、大型コンピュータのTSSサービスを使って、顧客管理と販売促進を同時に狙った企画を盛り込めないかと考えて、可能性を打診したためです。

⑦　仮説を持って集めること

専門家からのヒアリングがそうですが、何を聞きたいのかがはっきりしていないと、時間が無駄になります。何冊も著書が書けるだけの情報をお持ちの方から、たったの二時間で聞き出すとなれば、文献情報などで予め考え抜いた仮説をもとに聞いていかなければなりません。終わりの方に設定した消費者グループ・インタビューもそうです。予め考えておいた企画のアイディアをぶつけながら、それらの有効性を判断するための情報を取ったわけです。

2　集めるための道具の使い方

会社の資料室が業務として集めるための道具には、ここでは触れません。プランナーが自分自身で、または人を使って情報を集める時に、どのような道具を使うと便利なのかを、記事などをスクラップする場合と、外に出て取材する場合に分けて、説明しましょう。

①　スクラップのための道具

はさみと糊とスクラップブックが三種の神器かというと、そうではありません。プランナーでスクラップブックを使っている人は、ほとんどいないと思います。理由は、場所を取る、貼る手間が惜しい、情報として出し入れがしにくいということです。台紙は、使う人もいます。プロジェクトの資料として扱う時などに、たとえばA４判に統一してあると、綴りこみ綴り替えが楽だし、コピーを取って資料として配布するにも扱いやすいからです。出し入れの便がいいですから、人手とスペースさえあれば、使ってもいいでしょう。用紙は、薄くて少し腰のあるもので、初めから二穴を開けておいた方がいいでしょう。もちろん片面だけにしか貼りません。私は、検索を楽にするためにバーチカル・ファイリングを採用していますから、貼る手間とスペースを省くために使ってはおりません。

糊は、スティック状のものが取り扱いが楽です。コストの面ではヤマト糊の方がいいという人もいます。セロテープを使えば、後でその情報が不要になった時に、簡単にはがせて台紙の二度使いができるという理由で、勧める人もいます。もし、その情報を長期にわたって保存する可能性のある場合には、セロテープや両面テープ、科学糊などは変質しますから、ヤマト糊やボンドが無難でしょう。

切る道具として、雑誌記事用にはカッターが要ります。新聞記事は、カッターよりもはさみがいいと思います。はさみは、手になじめば何を使ってもいいようなものですが、私の経験では、洋裁用の裁ちばさみがベストです。その重さを利用して、新聞紙をいわばねじ伏せて切ることができるので、かえって手が疲れないように思います。いささかヘビー・デューティなイメージはありますが、プランナーにとって、スクラップはもともとヘビー・デューティな作業なのです。大型の三角定規の縁を使って、新聞紙をひきちぎりながらスクラップしている人もいます。切れ目が少しぎざぎざになりますが、時間短縮にはなるようです。

② 取材のための道具

メモ用紙、テープレコーダー、カメラが、取材の三種の神器で、これらが全部入るバッグがあればいいわけです。新聞記者を見ていると、ポケットに入る小型でソフトなメモ帳を使うことが多いようですが、これはフィールドでの取材が少ないからではないでしょうか。この小型のメモには、ちゃんと使い勝手があります。単に携帯に便利というだけではなく、取材後短時間で記事を書く場合には、机の上で並べかえてストーリーを作るにはいいのだろうと思えるからです。しかしソフトな紙では、テーブルの丈が低い応接間やフィールドでの取材には、使いにくいだろうと思います。むしろ図書館カードよりもやや小型で、同じぐらいの腰の強さがある用紙を工夫すればいいのにと、人ごとながら、つい考えてしまいます。

その点では、プランナーの場合には、取材直後にその材料をそのまま使って何かをまとめるということはあまりありませんし、メモ用紙もバッグで持ちはこびしますから、もっと大判の用紙を使った方が便利です。最近はシステム手帳に人気がありますが、大学ノートを使っている人も多いようです。私は、後のファイルに便利なように、Ａ４判のレポート用紙を使っています。紙に腰がありませんから、室内の取材で机の上が使える時以外は、よくスポーツの試合で審判員が使っている、頭の部分に紙押さえのクリップが付いた固いボードを使っています。市販のものもありますが、いかにも素っ気ない事務用品そのものです。もっとデザインに工夫のある、プランナーが使うにふさわしいものが出てくることを期待しています。

テープレコーダーは、小型化、軽量化が進み、本当に使いやすくなりました。また、普及率が高くなったために、取材される方にも、話をテープに取られることへの拒否反応が少なくなったような感じがします。話を録音する時には、事前にきちんとお断りするのが取材者としての礼儀です。お願いして断られることも少なくなりましたし、録音を意識して話しにくそうだという印象を受けることもあまりありません。テープレコーダーを取材に使う時に一番注意しないといけないことは、電池切れです。取材の直前に、電池は新品と入れ換えます。テープのA面が終わるとアラームが鳴る機種が多いので、一部の録音が切れるというミスは少なくなりました。機種によっては、途中でひっくり返さなくても、AB両面を続けて録音できるのも出ています。大事な記録の場合には、消去ミスを防ぐために、録音後必ず爪を折っておくこと。テープで音を取っていても、メモは必ず取った方がいいと思います。メモを取っていると、相手も熱心になってくれるし、録音を意識しなくなります。また、今までの話を振り返りながら質問するのにも便利だし、後でテープを聞き直す時にもメモがあった方が頼りになります。

取材用のカメラも、近年著しく技術がすすんだものの一つです。プランナーにとって、カメラは記憶力の補助ですから、自動焦点の簡単カメラで十分です。レンズを交換しないでも遠近両用に切り換えられるものが便利です。小型軽量ではあってもインスタマチック・カメラは、あまり接写ができないことと、フィルムが特殊なので取材現場で入手しにくいことがありますから、避けた方が無難でしょう。プランナーの取材用フィルムには、リバーサル（スライド用ポジ・タイプ）を勧めます。再現性が高く、また映写して細部まで拡大して見ることができるからです。プレゼンテーションに活用するにも便利です。街のデポに依頼すると、ネガ・タイプよりも現像に日数が掛かることはありますが、急ぐ場合には、現像所に持っていけばいいのです。その日の内にでき上がります。ただし、マウントは、自分でしなければなりません。

3　調査手法の活用

既存の文献を調べたりヒヤリング取材をしても十分な情報が集まらない時には、きちんとした手法の調査を行うこともあります。調査手法の基本を知っているスタッフがいれば、自分たちの手で実施することも出来なくはありませんが、信頼性の高い結果を比較的短期間で得るためには、普通は専門の調査会社を使います。したがって、それなりの費用も掛かりますから、狙いを絞って効果的に活用したいものです。

調査には、対象層の実態や意識などを数量的に把握しようとする量的調査と、実態の背後の動機や意識を探り出そうとする質的調査とがあります。前者を定量調査、後者を定性調査と呼ぶこともあり、使われる手法もそれぞれ異なっています。

①　定量調査の特徴とその活用法

定量調査は、量的な実態把握を狙いとしています。たとえば公営ギャンブルに関する県民の意識と遊びの実態を調べようとしたとします。ギャンブルを楽しむことができる成人の対象者が約八十万人いるとすれば、八百人に一人の割合でその内の千人を抜き出して調査し、数は少なくても八十万人全体の傾向を代表する数値として、一定の誤差の範囲内で推計しようとする方法です。その場合の千人は、母集団である八十万人の正しい縮図になっていなければなりません。駅前を通る人を捕まえてインタビューしたりしますと、特定の都市部の人に偏ったり、近くにある特定の競馬場のファンに偏ったりして、対象にしている県民全体の正しい縮図にはならないのです。そこで、全県の市町村から対象地区を人口の分布に従ってバランスよく抽出し、さらに住民台帳や選挙人名簿などから個人を無作為に抽出するなどして、代表性のある千人を選ぶのです。対象者からの一次的な情報収集には、訓練された調査員が訪問し、一対一の面接によって、あらかじめ作成された質問票に従って回答を記入していく個別面接法が、一番信頼性が高いとされています。その他に、集団面接法、留置法、郵送法、電話法なども使われています。調査対象者を標本（サンプル）と呼んでいますが、通常、調査完了標本数は抽出標本数よりも少なくなります。前者が後者の八割を切るあたりから、偏りが生じて、分析結果の精度が損なわれてきます。

このように厳密な手法で精度の高い情報を得ようとしますと、必然的に費用も掛かることになります。そこで、精度を少し犠牲にしても費用が少なくて済む方法も工夫されています。たとえば、駅前の繁華街やショッピングセンターなど、人の集まる場所に部屋を用意し、通り掛かった人を呼び止めて協力をお願いして、あらかじめ計画した人数になるまで調査をするというやり方です。この場合には、情報の精度が低いことを考慮に入れて、調査結果の活用を図らなければなりません。

定量調査から得られた結果は、実態を示す情報として、そのまま使われるだけではありません。そのデータをもとに、統計的手法やモデル解析手法によって、さらに突っ込んだ分析もできるようになっています。また、公営ギャンブルをやったことのある経験者と未経験者とで意識や行動に差異があるかどうか、配偶者の有無によってどのように変わるかなど、質問項目をクロスさせて分析することも可能です。

定量調査を行う時点としては、情報収集段階で実態を把握するためのいい資料がない場合の他に、構想段階においても、代替案の選択に関する判断のもとになる情報を得ようとして行われます。取りたい情報が取りやすいように、また結果の分析がしやすいように、調査設計をします。サンプリングにしても、質問票の設計にしても、専門的な知識とノウハウが要りますから、調査会社のスタッフに十分に意図を理解してもらった上で、綿密に打ち合わせながら進行させなければいけません。

②　定性調査の特徴とその活用法

ある実態の背景にある動機や、時によっては潜在意識に至るまで探ろうとする調査は、仮説のもとになる情報は得られますが、それを量的に検証するというわけにはいきません。定性調査の場合には、それで十分なのです。新しい情報があれば、それを切り口にして新しい仮説を構築したり、アイディア発想のヒントにしたりします。動機・理由を探り出すという性格に着目して、「ＷＨＹ（なぜ？）調査」と呼ぶ言い方もあります。時によっては、対象者自身でも気がついていないような隠れた動機を、経験を積んだ冷静な医者が診断するように、言葉や動作の端々に注意して、読みだすのです。

定性調査には、モニター調査や普通のインタビュー調査も含まれますが、動機や潜在意識を探る手段として一番よく使われるのが、グループ・インタビュー調査です。一対一ではなく、グループで行うことのメリットは、人は同じ問題を共有していると遠慮しないで話したがる傾向があるという性格を生かして、自由な議論をさせる中から、無意識の本音を発見しやすいということです。

図10は、準備から結果分析にいたる仕事の流れですが、注意しなければならないいくつかのポイントがあります。第一は、適切な調査対象者の選択です。どういう性格のグループ設定をするのか、場合によっては、かなり難しい条件が課せられることがあります。属性を厳しくセグメントして作られたグループを「フォーカス・グループ」と呼ぶこともあります。その場合には、リクルート（対象者集め）の成否が、直ちに調査の成否に結びつきます。第二は、インタビュアーです。インタビュアーの技術によっても、取れる情報に差が生じます。第三には、モニターの大切さです。新しい情報は、言葉だけではなく、表情やしぐさの中からも発見される可能性があります。プランナーは、ワンウエイ・ミラーやテレビ・カメラでモニターしながら、自ら情報を探らなければなりません。

図10　グループ・インタビュー調査実施のステップ

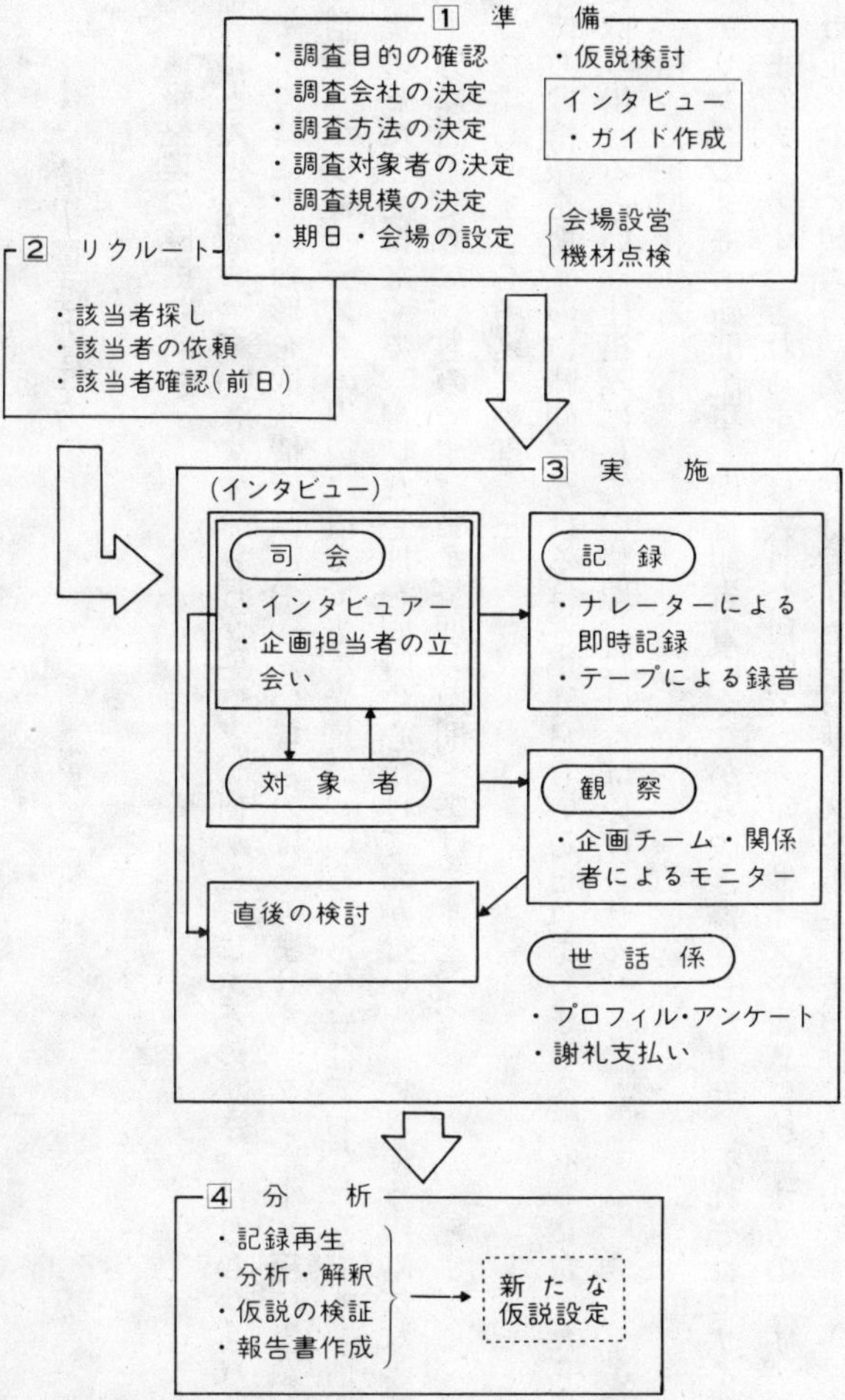

4　情報整理の仕方

1　情報整理の原則

情報はどんどん溜まっていきます。整理が悪いと、何がどこにあるのかさっぱりわからなくなります。特に、紙の形を取る情報ほどやっかいなものはありません。ダンボール箱に書類が一杯詰まったまま、デスクの周辺に積んである光景は、いろいろな会社でおなじみです。情報は、集めるだけではなくて、適切な整理を同時に心掛けておかないと、いざ使う段階になっても、十分に活用できないものです。まず整理の原則を挙げますと、

①　検索しやすさを考えて整理する

手持ちの情報を捜すのに時間をかけるほど馬鹿らしいことはありません。必要になったらすぐに取り出せるという仕組みにして、整理しなければいけません。

②　括って定型化する

ヒアリングのメモ、新聞記事、調査報告書、そこから抜き書きしたメモ、それぞれにサイズも形もまちまちです。これらを受け入れた段階で、一定のサイズや書式に統一するのです。コントロールのきく報告書やメモなどは、初めからサイズを指定しておけばいいのです。

プロジェクトがある区切りになった時に、二穴を開けて、資料を一綴りにしておきます。それ以後は、固まりのまま動きますから、一部が行方不明になることもないし、ある資料の検索も楽になります。固まりにするには、ファイル・ボックスも便利です。

③　コーディングする

情報が形になった時に、個別の資料・情報ごとに見やすい場所に、プロジェクトのコード、受け入れ日付、出所、管理責任者名を記入します。これで、どこかに動いても、少なくとも戸籍はわかるわけです。家庭でやるスクラップの場合には、プロジェクトのコードのかわりに、情報分類のコード（自分で使いやすいように作ればいい）を付ければいいのです。

④　置き場所を定める

あるプロジェクトの資料は、必ず一定の場所に置くということにしておきます。特に、複数のスタッフで共同してやる場合には、個人的に勝手に保管せずに、整理の仕方を決めて、誰にでもわかるようにしておいた方がいいでしょう。

⑤　整理の基準を作る

情報分類の仕方、保管の仕方などと一緒に、捨てる時の基準も作っておくといいのです。情報の価値が時間とともに減少するタイプの情報などは、受け入れの時に、期限を切っておきます。また、よそで確実に保管されている情報は、当面の必要がなくなった段階で捨てます。

2　文書情報の整理

まず収納場所を確保することから始めます。空いたスペースに、あらかじめ分類したコードを付けた受け皿を用意します。受け皿として、私は、バーチカル・ファイリングをお勧めします。事務机の引き出しや書類整理用のキャビネットの中に、見出しの付いたファイルをタテに並べる、あるいは見出しの付いたハンギング・フォルダーを吊るしていくタイプのファイル法です。フォルダーそのものにコーディングし、資料はフォルダーにとじこみません。したがって、情報の受け入れ段階であまり加工する必要がなく、個人用の情報整理にも向いています。収納・検索に、他の方式とはくらべものにならないほどの効率のよさがあります。

この方法の弱点は、資料が次々と増えていくにつれて、すぐにキャビネットが一杯になってしまうことです。それを解決するには、資料の出入りが少なくなったある段階で、括り直して一冊の綴じこみにしてしまうことです。二穴のバインダーに綴じこんでもいいし、大型の封筒にそっくり入れて表と横にタイトルを書いておくということでもいいでしょう。プロジェクトがまだ動いている時には、資料の出入りも激しく、バインダーは不便なのです。

ドキュメントをそのまま保存しないで、マイクロフィルムにしたり、電子ファイルにしたりして、資料の分量を減らす試みを行っている企業もあります。個人でできる減量法としては、入力に手間はかかりますが、情報によってはフロッピー・ディスクに入れておくという方法はあります。また、図書などのスペースを取る情報は、本当に必要な箇所だけ（図書によっては、意外と少ないものです）コピーしたり、ページを破いたりして、ファイルします。

3　映像情報の整理

ＶＴＲは箱の大きさが決まっていますから、サイズがまちまちな図書にくらべて、整理しやすいといえます。また、静止画にするとかなりの枚数を入れられるという点に着目して、印刷された映像資料をいったんＶＴＲに写して保存する人もいます。画質は悪くなりますが、情報としての使い方には十分に耐えられるということです。

量が多くて、一番整理に困っているのは、フィルムだろうと思います。ネガ・フィルムは、ネガはあまりスペースも取らないので、タイトルを袋に書いた上で何かの箱にでも入れておけばいいのですが、問題は紙焼きです。アルバムにでも貼ろうものなら、どんどんスペースを取っていきます。「フォトファイル」という写真ホルダーが市販されていますので、それを使うのもいいでしょう。しかし、ネガはカラーの安定性も悪く、検索もしにくいし、情報としての使い勝手もよくないので、プランナーには、ポジ・フィルム（スライド）を使うことをお勧めします。スライドはマウントした上で、二十枚入りのプラスチック・シートに入れて、バーチカル・ファイリングにするのが一番楽です。情報検索の時間が、ぐんと縮まります。

5　文献情報一般の読み方

ある文献は、本来何か別の目的があって作られたものです。役に立ちそうな情報ではあっても、本来の目的や情報源の持つ性格に伴う偏り、歪み、誇張などを計算に入れて読まなければいけません。そこで次の三つのステップに従って、情報を読み出します。

1　情報源のチェック

情報の出所はどこなのかを、まずチェックします。次に日付を見ます。問題なのは、文献が発表された日付ではなくて、その情報が取材されたと思われる時期なのです。雑誌の八月号に出ていたとすれば、六月入稿と考えますと、取材は五月以前になります。その次に、誰が何について書いたものなのかを、チェックします。そしてその情報の信頼性に内心で評価を下してから、読みに入るのです。取材者が他人の書いた文献を丸写しして、著作権法違反のトラブルを起こしたことのある先生の執筆なら、まず眉に唾をつけながら読んだ方が、間違いありません。情報源の信頼性をチェックするためにも、引用する時に元の文献名をきちんと明記するためにも、文献情報をファイルする時には、必ず出所を記入しておかないといけません。

2　情報の読みだし

三種類の情報を読みだします。

①今手がけているプロジェクトに必要な新しい知識（ナルホドと思いながら読むので、これを「ナルホド情報」と呼ぶことにします）

②プロジェクトに関連して自分が持っている仮説を補強する情報（ヤッパリそうかと思いながら読むので、これを「ヤッパリ情報」と呼ぶことにします）

③プロジェクトに関連して新しい仮説を作るための情報（オヤ?と新しい発見をしながら読むので、これを「オヤ?情報」と呼ぶことにします）

キャッチフレーズ的に、情報の読み方の秘訣をまとめてみますと、「情報は、ナルホド、ヤッパリ、オヤ?と読む」のです。

3　読みだした情報の裏付けを取る

情報を読んで、新しい仮説に導くような発見があったら、必ず他の情報で裏付けを取るようにします。一つの情報だけをあまり信用し過ぎるのは、間違いのもとです。とても面白い仮説なのだが、どうしても裏付けが取れないという場合に、その仮説を検証するために、新たな調査を実施することもあります。

6　調査データの読み方

調査データの読み方も、文献情報一般の読み方とまったく同じです。取り扱うのが主として数字であるということと、場合によってはデータを読みやすく加工することもできる、という点が違うぐらいです。

1　調査設計のチェック

①　誰がどういう目的で実施した調査か

調査の中には、公共的、客観的な調査もありますし、我田引水にある結論を補強するために行われる調査もあります。その辺の判断を、まず最初にします。

②　何についての調査か

調査のテーマおよび調査対象者、対象地域などです。調査の設計と、実際に回収された票の実態をチェックします。

③　信頼性についてのチェック

調査方法、標本規模、回収率などです。

④　調査票の文言
質問の言葉使いによって、回答に影響があります。データを読む前に、自分が対象者になったつもりで一通り目を通して、バイアスがどう掛かるかを考えてから読む方がいいのです。調査票が添付されていない調査報告書は、それだけで、データの信頼性が低いのです。

2　データの読み方

①　実態を把握する
新しい知識を得、新しい仮説を得ます。「ナルホド情報」です。
②　既に持っている知識・仮説の補強をする
この質問への回答はおよそこのくらいかなと、考えていた数値に近ければ、補強されたことになります。もし誤差の範囲を越えている差異があれば、その理由を考えます。
③　異常値を発見する
期待していた数値との差異は、新しい仮説によって説明できるのかも知れません。また、異常値の発見は、新しいアイディアへのヒントとなることも多いのです。

このように、数表であっても、「情報は、ナルホド、ヤッパリ、オヤ?と読む」ことに変わりはありません。オヤ?と読んだ新仮説については、他の情報で確認を取っていきます。

7　情報を加工して読む

1　定量情報の加工

たとえばタテ軸に職業別、ヨコ軸に年齢別を取ってクロスさせたパーソナル・ワープロの普及率の数表があるとします。この表を読むとすれば、平均普及率よりも五％以上高い数字に赤い蛍光マーカーで、三〜四％高い数字にピンクのマーカーで、平均普及率よりも三％以上低い数字にブルーのマーカーで、それぞれ印を付けてから読むとすれば、当初の数表よりもかなり読みやすくなっていることと思います。このように、定量情報を加工して読みやすくするための工夫がいろいろとあります。

①　アナログ法（グラフ法）

図11はその一例ですが、デジタル情報として表記されている数値を、アナログ的に置き換えて、視認性を高める方法です。図11では、アナログ化の他に、同じような性格を持っている数値を囲みで括ることによって、説明のためのプレゼンテーション効果を加えたものです。情報の加工は、自分自身で読みやすくするためにも行われますが、他の人にその意味するところを説明しやすくするためにも、行われます。

図11　理美容用品の家計支出

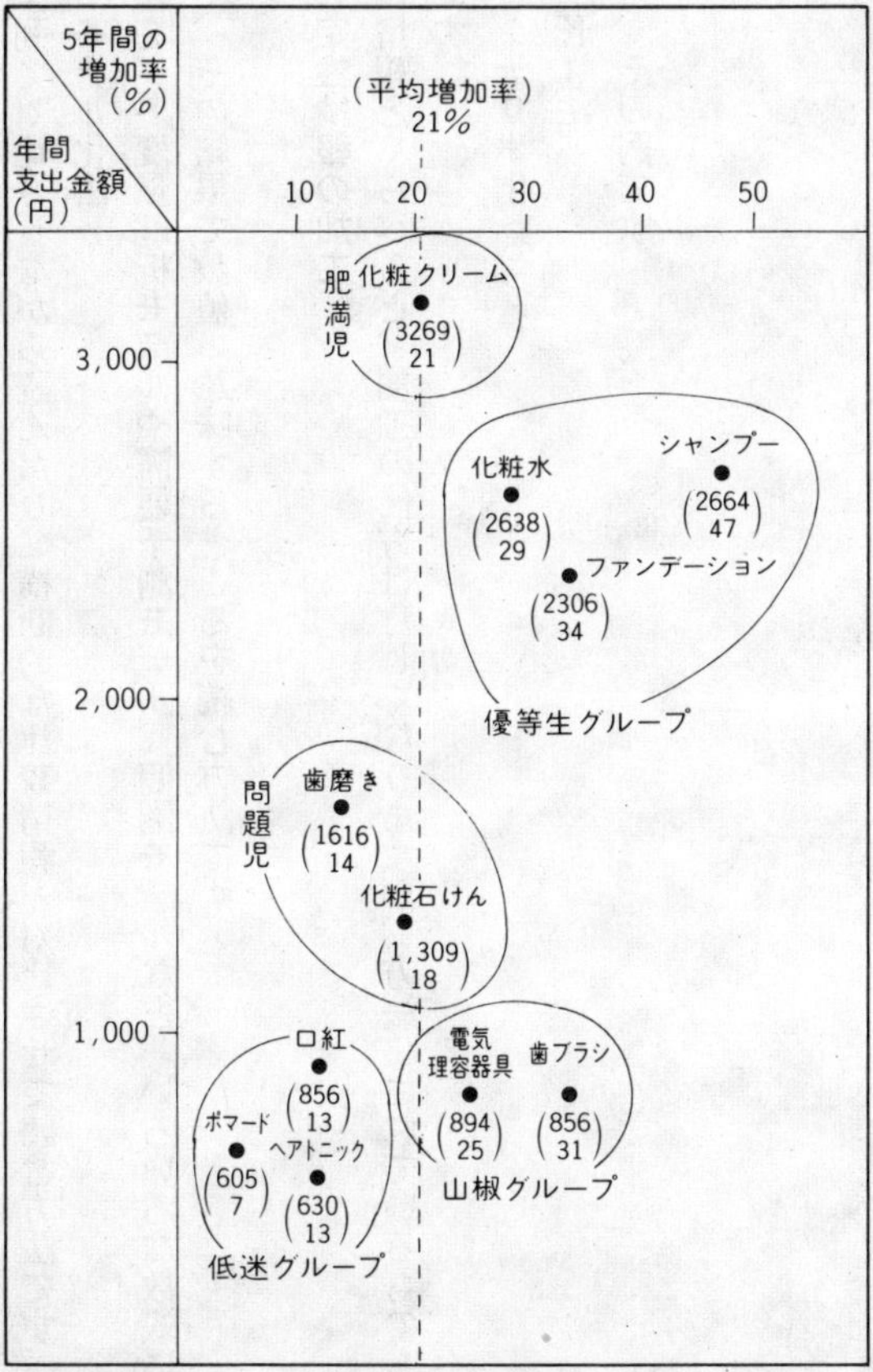

(　)内の数字は、上段が年間支出金額(1986年)、下段が1981年から1986年にかけての５年間の増加率。
(出所)　総務庁家計調査

② 対比法

時系列で対比させながら読んだり、横断的な比較情報と対比させて読む方法です。

③ モデル化法

数値を、多変量解析モデルや需要予測モデル、商圏モデルなど、いろいろな数式に当てはめてみて、その結果で数値の意味するところを読む方法です。

2 定性情報の加工

定量情報とくらべると、加工の仕方は難しくなりますが、方法化されているものもいくつかあります。

① シナリオ化

② KJ法

などは、その例です。

V　アイディアの出し方・まとめ方

現代のアイディア発想は、メモ用紙とペンを用意して、いい音楽でも聴きながら、やおらひらめきを待つといった牧歌的な作業ではなく、決められた日時までに道を通すためにブルドーザーを必要台数用意して、作業を進行していくというイメージにむしろ近いものです。その時のブルドーザーにあたるのが、

①　ブレイン（発想スタッフ）

②　発想法

です。

1　発想法の種類と構造

1　アイディアはブレインと発想法により作られる

アイディアを考えるには、一見ぼんやりと、または一所懸命に、頭をひねっていればいいのかというと、なかなかそうでもありません。プランナーがアイディアを出す時には、「アイディア開発」という作業ステップをスケジュールの中に組み込んで、計画した方法によって得た粗アイディアを、ある評価基準にてらしてふるいにかけ、さらに肉付けしていくというやり方を取ります。メモ用紙とペンを用意して、いい音楽でも聴きながら、やおらひらめきを待つといった牧歌的な作業ではなく、決められた日時までに道を通すためにブルドーザーを必要台数用意して、作業を進行していくというイメージにむしろ近いかと思います。その時のブルドーザーに当たるのが、

①　ブレイン（発想スタッフ）

②　発想法

です。この場合のブレインは、企画スタッフではなく、指示された発想法に従ってアイディアを出していく一種の企画部品ともいうべき存在のスタッフなのです。もちろんプランナー自身

でも、ブレインとしてアイディアが出せなければいけませんが、必要に応じて動員できる自分以外のブレインをどの程度ネットワークの中に押さえてあるかが、プランナーとしてのアイディア発想力の大きさを示す指標の一つでもあるのです。知り合いのプランナー同士は、お互いにブレインを依頼しあいます。頼まれれば、包丁一本さらしに巻いた板前さんのようなつもりで出かけていって、指示された方法に従って、テンポラリーに知恵を提供するのです。企画のテーマは、機密保持の誓約を取った上で示されることもありますが、伏せたまま、ダミーの課題を設定して行われることもあります。

発想法は、人がアイディアを考える時の頭脳の働きを、シミュレーションしたものです。発想の経験を振り返ってみますと、まず、いろいろな材料やイメージを思い浮かべながら考えます。次には、何か応用できるものはないかと、似たもの探しをやります。さらには、いろいろな要素を組み合わせながら、アイディアを考えていきます。ということをまとめますと、

①　連想
②　類比
③　組み合わせ

が、アイディア発想の原点ということになるでしょう。すべての発想法は、このいずれか、またはこれらの組み合わせを、作業化・方法化したものです。

2　主要な発想法を分類すると

主要な発想法として、図12に十本の技法を挙げました。世界各国で使われている発想法を調べていけば、多分、百を越える技法が見つかることと思います。その中で、発想法の原点的な技法、比較的によく使われている技法、日本ではまだあまり普及していないが可能性に富んだ技法を挙げると、この十本かと思います。

①原点的な技法としては、属性列挙法、チェック・リスト法、カタログ法、ブレインストーミング、形態分析法

②よく使われている技法としては、ブレインストーミング、シネクティクス（アメリカで）、KJ法、NM法

③可能性にとんだ技法としては、ブレインライティング、形態分析法、シミター、シネクティクス

ということになると思います。

これらを見てすぐ気が付くことは、連想と組み合わせを伴う技法が多いことです。特に、強制連想と組み合わせの技法が、全体の半ばを占めています。これらは、人間の連想力の限界を補う方法として、何らかの連想の素材を用意することによって強制的に連想させ、その素材と組み合わせることによってアイディアを発想しようとする構造の発想法です。

図12　主要な発想法とその分類

	発想法	発想のタイプ			発想者		開発者	
		連想	類比	組み合わせ	個人	集団	名前	国籍
1	属性列挙法	＊		○	○		R.クロフォード	アメリカ
2	チェック・リスト法	＊		○	○			
3	カタログ法	＊		○	○			
4	ブレインストーミング	○		○		○	A.オズボーン	アメリカ
5	ブレインライティング	○		○		○	ホリゲル, H.ゲシュカ	西ドイツ
6	形態分析法	＊		○	○	○	F.ズイッキー	アメリカ
7	シミター	＊		○	○	○	カーソン, T.リカーズ	イギリス
8	シネクティクス		○			○	W.ゴードン, G.プリンス	アメリカ
9	ＫＪ法			○	○	○	川喜田二郎	日本
10	ＮＭ法	○	○	○	○	○	中山正和	日本

（＊印：強制連想）

3　企画チーム全体のアイディア開発力

企画作業においては、いつもプランナー個人に作業を推進していくすべての権限が与えられ、ブレインと発想法を計画的に駆使してアイディア開発を行うということにはなりません。組織の一員として、チームワークを発揮しながら企画を作ることも多いものです。その時には、プランナー自身がクリエーティブなブレインとして、チーム・メンバーと一緒に、発想作業を行います。この場合でも、発想法が駆使されることはもちろんです。

図13には、チーム作業によってアイディア開発が行われる時の、発想を支える要因が示されています。まず発想作業の流れに添って見てみますと、テーマ設定の段階で正しく課題がとらえられていないといけませんし、発想のための素材が十分に準備されていないと、発想法を駆使しても、実り多い結果にはなりません。誕生したアイディアを点検し、不十分であれば、発想法の活用以前の段階に戻って準備をしなおします。

プランナー個人のアイディア開発能力は、才能と、駆使する発想法との掛け合わせによって決まります。才能には、持って生まれた素質の要素も大きいのです。身体が硬いとか柔らかいというのが、ある程度先天的に決まっているように、先天的に頭脳の働きが硬い人、柔らかい人がいるのです。もちろん柔らかい方がいいわけです。しかし、素質だけでもありません。新しいものを作り出そうとする意志によっても、才能は発揮されますし、知識や経験を積み重ね

図13　企画チームのアイディア開発力を支えるもの

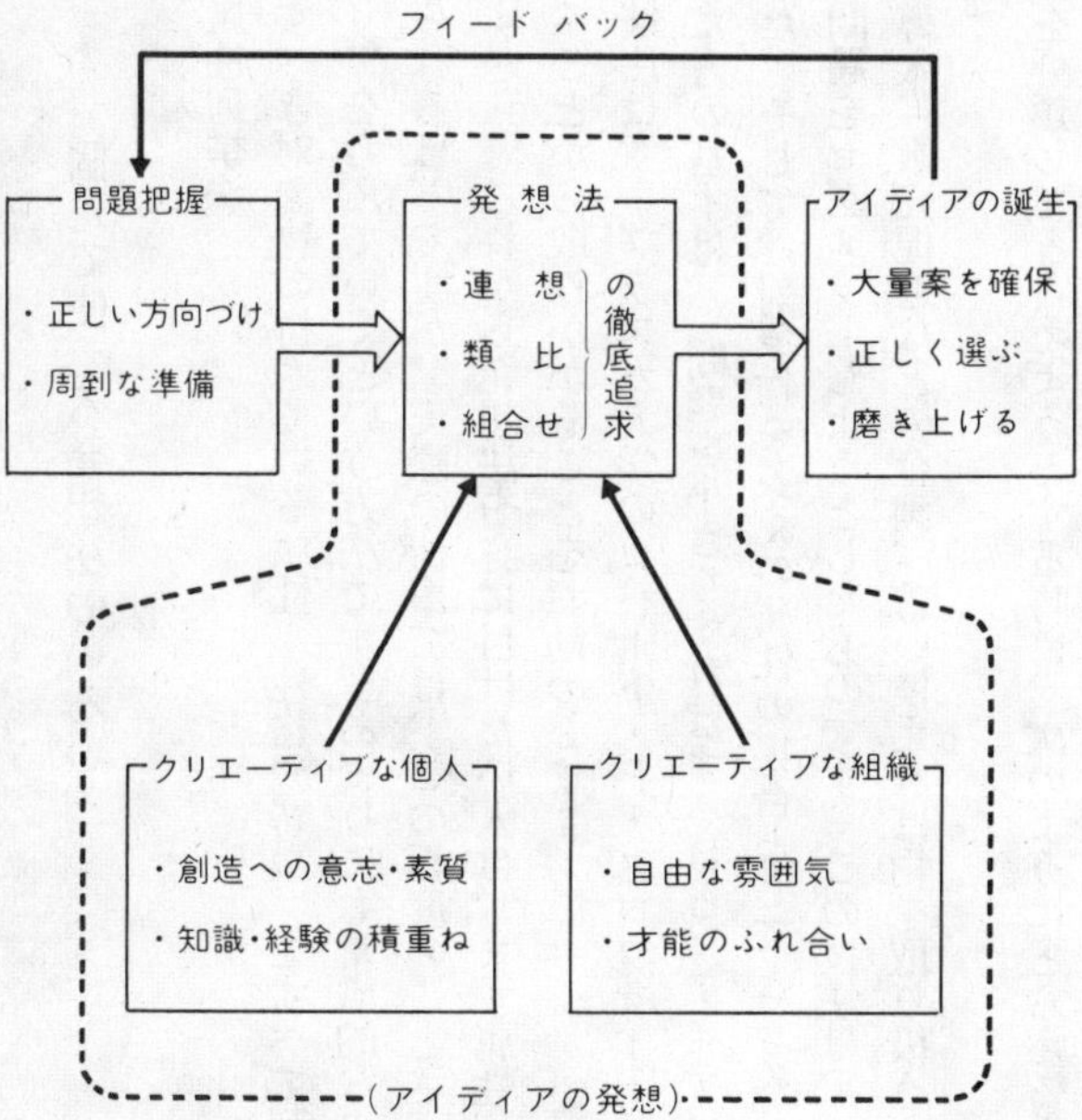

ることによっても、才能は形成されます。

　次に、組織がクリエーティブであるためには、雰囲気の要素も大切です。クリエーティビティを売りものにしている企画会社や制作会社の社員が、自由で好き勝手な服装をしていることが多いのには、理由があります。背広にネクタイで、自由奔放なアイディアを考えろと言われても、むずかしいのです。それと、異質の才能の触れ合いが、創造力を高めます。

2　個人で使える発想法のいろいろ

1　属性列挙法

検討すべき対象物の持っている属性（性格や特徴）をすべて列挙し、その一項目ずつ検討しアイディアを考えていくという方法です。あまりにも常識的なので、今さら発想法と呼ぶのもはばかられるほどですが、実際の仕事では、この程度のことさえもやっていないことがあります。ですから、これから発想法を身に付けたい人は、まず属性列挙法のような基本をきちんと踏まえることから取りかかることをお勧めします。

この技法は、ネブラスカ大学のロバート・P・クロフォード教授によって提唱されました。彼の考え方の基本は、「問題を小さくすればするほど、アイディアが出やすくなる」ということでした。そして、対象物を多くの属性の集合としてとらえ、一部の属性を取り扱うことによって問題をセグメントしようとしたものです。この技法は、新商品開発、商品改良、新商品の市場導入、販売促進などの企画、言い換えれば物を取り扱う企画の場合に、使いやすいと思います。

属性を分類してとらえようとする時に、次のようにとらえるといいと言われます。

①　名詞的属性――全体、部分、材料、製法などは、それぞれ呼称を持っていますから、これらの属性は、名詞で表現できます

②　形容詞的属性――性質や状態は、重い、軽い、丸い、頑丈な、美しいなど、形容詞で表現できます

③　動詞的属性――機能は、回るとか、光るとか、動詞で表現できます

このとらえ方は、技術的な視点から対象物を見ようとする場合にはいいだろうと思います。しかし、現代では、物のとらえ方・見方がもっとソフトになっています。そこで、次のような属性分類の枠でとらえてみるといいと思います。

①　実体的属性――素材、形態、仕様など

②　機能的属性――機能、効果など

これら二つの属性は、比較的ストレートに把握できます。問題は、第三の属性です。

③　意味的属性――イメージ、ポジショニングなど

その商品を持つことによって、ある種のステイタスにあることを意味するとか、その商品に伴う歴史や伝説によって、実体や機能を越えた付加価値が生まれている場合には、それらを属性として把握しなければなりません。意味的属性は、イメージ戦略によって構築していける可能性もありますので、「場合によっては可能な属性」までも読み取らなければなりません。

2　チェック・リスト法

ある問題を考える時に、抜けおちるポイントがないように、一項目ずつチェックしていくために作られるリストが、チェック・リストです。アイディア発想をチェック・リストを活用して行うのが、チェック・リスト法です。属性列挙法も、属性リストが出来上がってからは、一種のチェック・リスト法になります。企画作業に使われるチェック・リストには、三つのやや性格の異なるものがあります。

①　問題の全体像を描かせるためのリスト

属性列挙法によって作られる属性リストは、これに当たります。このリストの作り方は、まず論理的に検討した上で、一度リストを作り、そのリストを活用してアイディア発想を行い、実際のアイディアの内容を分析して、そこから得たポイントによってリストそのものを補足修正していきます。リストが充実していくにつれてアイディアも多角的に出され、さらに、そのアイディアによってリストによる全体像も鮮明になるという、繰り返しの作業になります。

②　作業手順を示すリスト――この延長線上に、マニュアルがあります

図14は、商品開発作業をスムーズに進行させるためのチェック・リストです。必ずしもアイディア開発のために使われるリストではありませんが、チェック・リスト法の一つの機能を説明するために引用しました。

図14　女性の手による商品開発計画立案のための チェック・リスト

(1)商品課題及び目標設定に関して
①どの商品分野を狙う商品か
②どの市場を狙う商品か
③どのような消費者のどのような生活に対応する商品か
④どのようなポジショニングの商品か
⑤単品か、シリーズ商品か
⑥既存ブランドの傘下か、新ブランドか
⑦自社の既存商品との位置関係
⑧他社の競合商品との位置関係
⑨売上げ目標、シェア目標は
⑩この課題に対して、女性の視点をどのように生かせそうか
(2)提案について
①誰に提案するのか
②どの段階（商品コンセプト、プロトタイプ作成、その他）で提案するのか
③市場導入計画をどの程度詰めるのか
④技術、生産、流通、売上げ予測などをどの程度詰めるのか
(3)開発組織について
①チーム・メンバーの学歴、社歴、技能のチェック
②メンバーの強い点、弱い点はどこか
③チーム・リーダーの責任と権限
④チーム・メンバーの役割分担と責任
⑤相談できる社内外の人材とその専門
⑥社内の協力・連携部門と担当スタッフ
⑦社外の協力機関とそのスタッフ
⑧外注すべき専門作業とその外注先
(4)作業計画及びスケジュールについて
①提案時期
②全体のスケジュールを、どのようにステップ分けできるか
③各ステップにおける作業イメージ
④その中における、女性であることのメリットは何か
⑤スケジュール上、ネックになりそうな作業は何か
⑥中間報告のポイントと時期
(5)開発予算について
①予算総額とその出所
②時期的予算配分
③使途別予算配分
④使い方の条件、決裁の手続き
(6)情報について
①その課題に関連する自社の技術情報
②その課題に関連する社外の技術情報
③新たに調査すべき技術情報
④利用できる消費者情報で、すでにあるもの
⑤苦情情報、HEIB情報
ゲット層のライフスタイル及び生活ニーズに関する情報
必要になる情報と、その取り方

図15　オズボーンのチェック・リスト

1. 他に使い途はないか？（Put to other uses?）
2. 応用できないか？（Adapt？）
　他にこれと似たものはないか？
　何か真似できるものはないか？
3. 修正したら？（Modify？）
　意味，色，動き，音，香り，形などを変えたら？
　濡らす，乾かす，電化，磁化，etc.
4. 拡大したら？（Magnify？）
5. 縮小したら？（Minify？）
6. 代用したら？（Substitute？）
7. アレンジしなおしたら？（Rearrange？）
　他のレイアウトは？　立てる，倒す，集中する，分散する，開く，閉じる，プロポーションを変える，etc.
8. 逆にしたら？（Reverse？）
9. 組み合わせたら？（Combine？）

③　発想の枠を広げるためのリスト

図15に示したチェック・リスト（説明の一部を簡略化）は、ブレインストーミングの創始者として知られているアレックス・F・オズボーン（アメリカ人。広告代理店BBDO社の社長を引退後、ニューヨーク州バッファロー市に創造教育財団を設立）の名を取った「オズボーンのチェック・リスト」です。M・I・T・クリエーティブ・エンジニアリング・ラボラトリーが彼の著書から九項目をピックアップして、「新しいアイディアのためのチェック・リスト」と題して、クリスマス・カードにしたものが有名になりました。発想の枠を広げるためのチェック・リストとして、アメリカでは多くのプランナーやクリエーティブ

・ワークに従事している人々から愛用されています。日本でも、オズボーンの著書は二冊翻訳されており、ロングセラーになっています。そして、このチェック・リストも、社員教育の教材に使われたりして、かなりおなじみのものです。

この各項目が新商品や販売促進、PRなどのアイディアにどのように応用されているか、事例を集めてみたことがあります。それぞれに例が見つかりました。拡大と縮小では、拡大の方がよく目立つので付加価値が付けやすいのか、多くの例が見つかったことが印象に残っています。

「オズボーンのチェック・リスト」は、確かによくまとまった使いやすいリストですが、プランナーは、それで満足してはいけません。もっと自分にとって使いやすいチェック・リストを工夫してみることです。少し増やして、十五、六項目にして使ってみてもいいでしょう。たとえば次の各項目など、割合よく使われる発想のような気がします。

・自然に還ってみたら？
・時間の流れを遡ってみたら？
・○○年後の未来に行ってみたら？
・○○の立場（気持ち）になってみたら？
・ある部分だけ切りとったら？

・極端にしてみたら？
・セグメントしてみたら？
・ポジショニングを変えたら？
・システム化してみたら？
・シリーズ化してみたら？

3　カタログ法

カタログの頁をめくりながら、偶然に目の前に現れた商品や絵などと、今考えているテーマとを無理に結びつけながら、アイディアを生み出す方法をいいます。創造性研究の分野では、強制関連法という言い方をしています。組み合わせによる発想の技法としてとらえているわけです。しかし、別な見方をすれば、ある範囲に偏りがちな人間の連想力を、素材の飛躍によって幅を広げさせる、連想を促進させるための技法だとも考えられます。

カタログ法で使う資料は、

①　写真やイラストレーションの豊富な、イメージを湧かせやすいもの

②　内容のテーマが幅広いもの（飛躍があるもの）

が向いています。したがって、技法の名前のもとになっているシアーズやJ・C・ペニーのカタログが向いているともいえません。むしろ、ファッション誌、生活誌、科学誌などのバックナンバーの方がいいでしょう。プランナーは、連想を刺激する写真集や資料的な図書を集めておいて、アイディア発想のテーマに合わせて、いつでも使えるようにしておくといいでしょう。ブレインを使ってグループで発想する場合には、イメージ素材を次々と与えて、厳しい強制関連をやらせます。方法的には同質ですが、プレッシャーをかけてアイディアを絞り出させますので、発想の生産性においては格段に高くなります。

4　形態分析法

後にカリフォルニア工科大学で宇宙学の教授になったフリッツ・ズイッキーが、エアロ・ジェット社に在職中に考案した技法です。形態分析法という名前は、モーフォロジカル・アナリシスを直訳した呼び方で、形態学のようなアプローチで課題を分析的にとらえるところから、こう命名されています。

この方法では、まず解決すべき問題ないし対象物を、いくつかの構成要素の組み合わせとしてとらえます。それぞれの構成要素を、独立変数と呼んでいます。その上で、それらの構成要素を組み合わせた形態分析表（モーフォロジカル・チャート）を作ります。n個の要素があればn次元の表になりますから、表といっても図に描けるわけではありません。この形態分析表に従って、要素の組み合わせの一つ一つをつぶしながら検討していくのです。たとえば、「ある物を、動力の付いた運搬具によって、ある場所から他の場所へ移動させる方法」という課題の場合には、独立変数が三つあります。

①　使われる運搬具のタイプ
②　運搬具が移動する際の媒介物
③　動力源

これらの三つの要素の組み合わせによって、あらゆる可能な方法を検討するわけです。

ズイッキーがこの技法を考えた目的は、人間が陥りやすい思い込みや先入観を排除して、問題を合理的にとらえようとしたことでした。彼は作業を五つのステップに分けています。

① 問題の正確な記述
② 可能性のあるすべての独立変数の洗いだし
③ 形態分析表の作成
④ 解決策の分析・評価
⑤ 解決策の選択

細分化して組み合わせを考えると、時によっては、膨大な数になります。ズイッキー自身は、三次元程度の組み合わせが扱いやすいと考えていたようです。私は、n次元の中から二次元を取り出してマトリックスにした方が、アイディア発想がしやすいと思います。たとえば図16は、企業のアニバーサリー（周年記念）企画を検討するに当たって、「企画の対象者」と「企画のタイプ」をそれぞれ独立変数に考えた、二次元の形態分析表です。これらのすべての組み合わせ、合計二六四枠の一つ一つをつぶして検討していくのです。

一九七〇年代にイギリスで作られた新製品開発の技法シミターは、形態分析法の応用技法です。化学製品分野で成功を収め、その後他の分野でも使われています。シミターでは、原料素材、製造工程、市場の三要素からなる三次元のモデルを作って、製品開発を行います。

図16　アニバーサリー企画マトリックス

企画の対象者 ＼ 企画のタイプ		内部的				外部的			
		A	B	C	D	E	F	G	H
		従業員・家族	株主	取引先・関係筋	業界	地域社会	消費者	社会一般	海外
1、お祭り型	1.1　祝賀会・式典								
	1.2　慰安会・運動会								
	1.3　物故者慰霊								
	1.4　記念品制作配布								
	1.5　記念配当								
2、営業型	2.1　記念セール								
	2.2　プレミアム企画								
	2.3　コンテスト								
	2.4　記念商品計画								
3、CI型	3.1　経営理念明確化								
	3.2　社名の改変								
	3.3　マーク等の改変								
	3.4　新CIの導入								
	3.5　社歌・記念歌								
	3.6　モニュメント								
	3.7　新設備の建設								
	3.8　新制度の導入								
	3.9　業務改善運動								
	3.10社内コンテスト								
	3.11社史の編纂								
4、PR型	4.1　記念マーク制作								
	4.2　記念出版・映画								
	4.3　企業広告出稿								
	4.4　募集企画								
	4.5　記念展・講演会								
	4.6　顕彰制度の創設								
	4.7　国際交流企画								
5、社会還元型	5.1　教育・育英事業								
	5.2　研究機関の創設								
	5.3　博物館等の創設								
	5.4　福祉活動援助								
	5.5　社会事業援助								
	5.6　従業員活動援助								

5　カードを使う発想法

カードを使う発想法は欧米にもあります。たとえば西ドイツで使われているピン・カード法は、グループ作業による発想法ですが、次のような手順でカードを操作していきます。

①　アイディアをカードに書いて、テーブルの上に出しあう

②　アイディアが出揃ったら、参加者は、内容を読んで分類する

③　分類したカードを壁の上に並べ、参加者は印をつけ、印の数によって順位づけをする

この技法においては、動かしたり場所を入れ換えたりできるという操作性のよさによって、カードが使われています。カードを使うことによってアイディア開発が促進される、ということでは必ずしもありません。

日本で開発されたＫＪ法は、開発者の文化人類学者川喜田二郎の頭文字を取って命名されたものですが、学界、ビジネス界に広く使われています。この技法でのカードの使い方は、

①　そのテーマに関連する情報をカード上に、一件一葉で書く

②　すべてのカードに何回も目を通し、何らかの共通性を感じたカードを同じ場所に集める

③　一カ所に集まったカードを括る表札を作る

というところから始まります。この中で、表札を作る作業は、別な見方をすれば、「異なる情報を結びつけたところから新しい発想を得る」ということです。カードを動かしながら、いろ

いろな組み合わせを試みているわけです。カードは、単なる操作上の便宜からではなく、発想の手段として使われています。KJ法は、異質のデータ・情報を整理することによって、新しい発想とアイディアを生む方法論ということもできます。

NM法も日本で開発された技法です。KJ法とアメリカで開発されたシネクティクスからヒントを得て生まれた技法で、開発者の中山正和の頭文字を取ってこう命名されています。KJ法とくらべますと、技術開発方面によく使われているようです。NM法では、大きな紙の上でカードを並べていきますが、その過程で、連想、類比、組み合わせが使われて、解決策が発想されます。カードは、連想や類比を行うためのキーワードとして機能したり、組み合わせの素材となったりします。

KJ法にしても、NM法にしても、短い文章ではとても説明しきれません。それぞれ開発者の手による解説的な著書が何冊も出ていますので、詳しくはそちらをご覧ください。

カードを使う発想の特徴・利点をまとめますと、次の三点が指摘できます。

① 発想の素材となる情報なりキーワードなりを、大きな紙の上で、自由に動かして考えることができる
② 思考結果を整理して、紙の上にそのまま貼って、固定することができる
③ 複数の人が、同じ素材を使って、共同作業をするのにも便利である

3　グループで使う発想法のいろいろ

1　ブレインストーミング

多分、世界で一番広く使われている発想法だろうと思います。ブレインストームの意味は、一般的には「突然の精神錯乱」ですが、この技法の創案者であるアレックッス・オズボーンは次のように書いています。

「1939年、当時私が社長であった会社で、組織的なアイデアの出し方を初めて採用した。初めのころの参加者たちがこの仕事をブレインストーム会議と名づけた。この名前はまさに適切であった。というのは、この場合ブレインストームということは独創的な問題に突撃するために頭を使うということである。つまり一人一人が勇敢に同じ目的に突進する特攻隊のように突撃するのである。」（A・F・オズボーン著、上野一郎訳『独創力を伸ばせ』ダイヤモンド社刊より）

ブレインストーミングの背景には、二つの考え方があります。

①　判断の留保

アイディアを生み出す段階では、ひたすらそれに専念して、評価を一切行わない方がいいという考え方が、その一つです。

② 量が質を生む

オズボーン自身がこの原則を説明する際に引用している調査によりますと、同じアイディア会議において、後半の方が七八％も多くいいアイディアを生んでいるのだそうです。単に、量が増えればいいアイディアがそれだけ多くなるということではなく、素材が増えることによって、アイディアの質そのものが高くなるという意味なのです。

このような考え方が基本になっていますが、具体的なルールと仕組みは、次のようになっています。まず、会議のルールは、四つあります。

① 出てくるアイディアに関して、よい悪いの批判を一切しないこと

基本の考え方をそのままルール化したものです。人間は、自分のアイディアに疑問を出されると、新しいよりいいアイディアを出そうとするよりも、自分のアイディアを守ろうとしがちになります。

② 「自由奔放」を歓迎する

このルールによって、オリジナリティのあるユニークなアイディアへの道を開くとともに、バカなことを言って笑われたくないという自己規制をも避けます。

③ アイディアの量を求める

基本の考え方をそのままルール化したものです。

④　他人のアイディアへの便乗・改善を奨励する

発想法の基本をルール化したものです。すでに出ているアイディアの構成要素を、新しいアイディアの素材と見なす考え方です。

この会議の仕組みのポイントは、次のようになっています。

①　リーダー

ブレインストーミングでは、リーダーの役割を重く見ています。まずリーダーは、四つのルールがうまく守られるようにチェックしなければいけません。そして、会議の雰囲気が盛り上がって、うまくブレインストーム状態が生まれるように演出します。リーダーは、単に課題をよく理解しているだけではなく、いろいろな方面のアイディアもあらかじめ用意していて、会議をリードする呼び水として使いこなさなければなりません。

②　書記

出されるアイディアが即ち次のアイディアの素材ですから、出てくるアイディアをよく読めるように書き写す役割が必要です。

③　メンバー

オズボーンは、五人から十人と幅を持たせて書いています。私の経験では、リーダーと書記を入れて五〜六人が、日本では一番適切な人数だろうと思います。メンバーの中に、ある分野のエキスパートが入る時には、途中で専門の立場からの批判が出ないように注意しないとなりません。専門家という立場を忘れて参加してもらうようにした方がいいのです。

④　出題

あまり広くなく、特定された問題の方が、この会議には向いています。参加者には、あらかじめ問題を知らせておいて、資料やベースになるアイディアを用意しておいてもらった方がいいようです。

⑤　時間

本当にいい雰囲気で、メンバーが乗ってやった場合には、二時間が知力・体力の限度です。ただし、オズボーンの後を継いで創造教育財団の理事長になったシドニー・パーンズは、決められた終了時間から五分間だけ延長することを勧めています。最後の五分間にベスト・アイディアが出やすいという理由からです。

ブレインストーミングが各国に紹介され、使われ出してから、さまざまな形で新しい工夫や修正が行われています。一つの工夫は、アイディア・セッションの間に評価のステップを入れるものです。もう一つは、もともと口頭でやっていたものを、書いて発言する形式にしたものです。しゃべるのが苦手という人を参加させる場合には、こういう修正が効果を生みます。

2　ブレインライティング

ブレインストーミングが西ドイツに導入された後で、同国のコンサルタントで形態分析法の専門家ホリゲルによってドイツ人向けに工夫された方法です。当初は635法と呼んでいましたが、H・ゲシュカによってその後やり方に工夫が加えられ、現在ではこう呼ばれています。

やり方は、図17に示されたような用紙を使います。

① 参加メンバーは、六人が標準で、ラウンド・テーブルに並びます。

② まず五分間で三つのアイディアを考え、一番上の枠に書き込みます。書き込んだら、隣の人に回します。

③ 五分ごとに、次々と回していき、全部の枠が埋まったら終わります。

無言で紙に書くということを除けば、ブレインストーミングのルールはそのまま適用されます。自由奔放に、他人のアイディアを生かして新しいアイディアを作るといったやり方です。

当初の635法では、前の人のアイディアは単なるヒントに過ぎなくて、独立したアイディアを出せばよかったのですが、ブレインライティングでは、紙が隣から回ってきたら、今までに出ているアイディアを読んで、前の人のアイディアを展開・発展させるアイディアを自分の枠に書き込みます。その場合、枠の境目に小さな矢印を書きますが、どうしても同じアイディアが発展できない時には、境目に太線を引いて、次から新しいアイディアを書くようにします。

図17　ブレインライティング・シート

1）　司会者の指示に従って、与えられた課題を解決するアイディアを5分間で3個考え、A～Cの欄に詳しく記入してください。記入し終わったら、このシートを左手の人に回してください。以下このように、5分ごとに左に回していきます。

2）　自分の前の人のアイディアを読み、さらにそのアイディアを発展させられるか、またはそのバリエーションのアイディアが考えられる場合には、その下にそれを書いてください。もうそれ以上考えられなければ、違うタイプのアイディアを書いてください。

	A	B	C
1			
2			
3			
4			
5			
6			

作業コード	

実施日	19　年　月　日

3　シネクティクス

一九六〇年、アメリカのシンクタンクA・D・リトル社の中で、発明や新製品開発の合理的なステップを研究していたグループが、その成果を携えてスピンアウトし、シネクティクス社を設立しました。当初は、発明や新製品開発の受注をしていましたが、現在では、企業の開発担当者にアイディア発想法であるシネクティクスのトレーニングを行うコンサルタント会社になっています。ブレインストーミングを除けばアメリカで一番広く使われている、システマティックな発想法だと思います。

図18は、その一番ベーシックなフローです。この他にも、「ブック・タイトル」とか、「パーソナル・アナロジー」といったタイトルが付いたいくつかの異なる技法があって、それぞれフローが異なります。シネクティクスでは、用語に特殊な意味や内容をこめて使っており、短い文章で説明することはまず不可能ですので、およそのイメージだけをお受け取りください。文献も、六〇年代に書かれた『シネクティクス』(W・ゴードン著、ラティイス刊)が翻訳されているだけで、G・プリンスの『創造の実際』も、まだ翻訳されていません。『新製品開発プロフェショナルズ』(星野匡著、日本能率協会刊)では、近年の動向にも触れて、ごく概要だけを紹介しています。類比による発想をうまく取り入れた手法で、実績も豊富だし、実用性が高い技法です。プランナーとして、研究する価値の十分にある発想法だと思います。

図18　シネクティクスのフロー・チャート

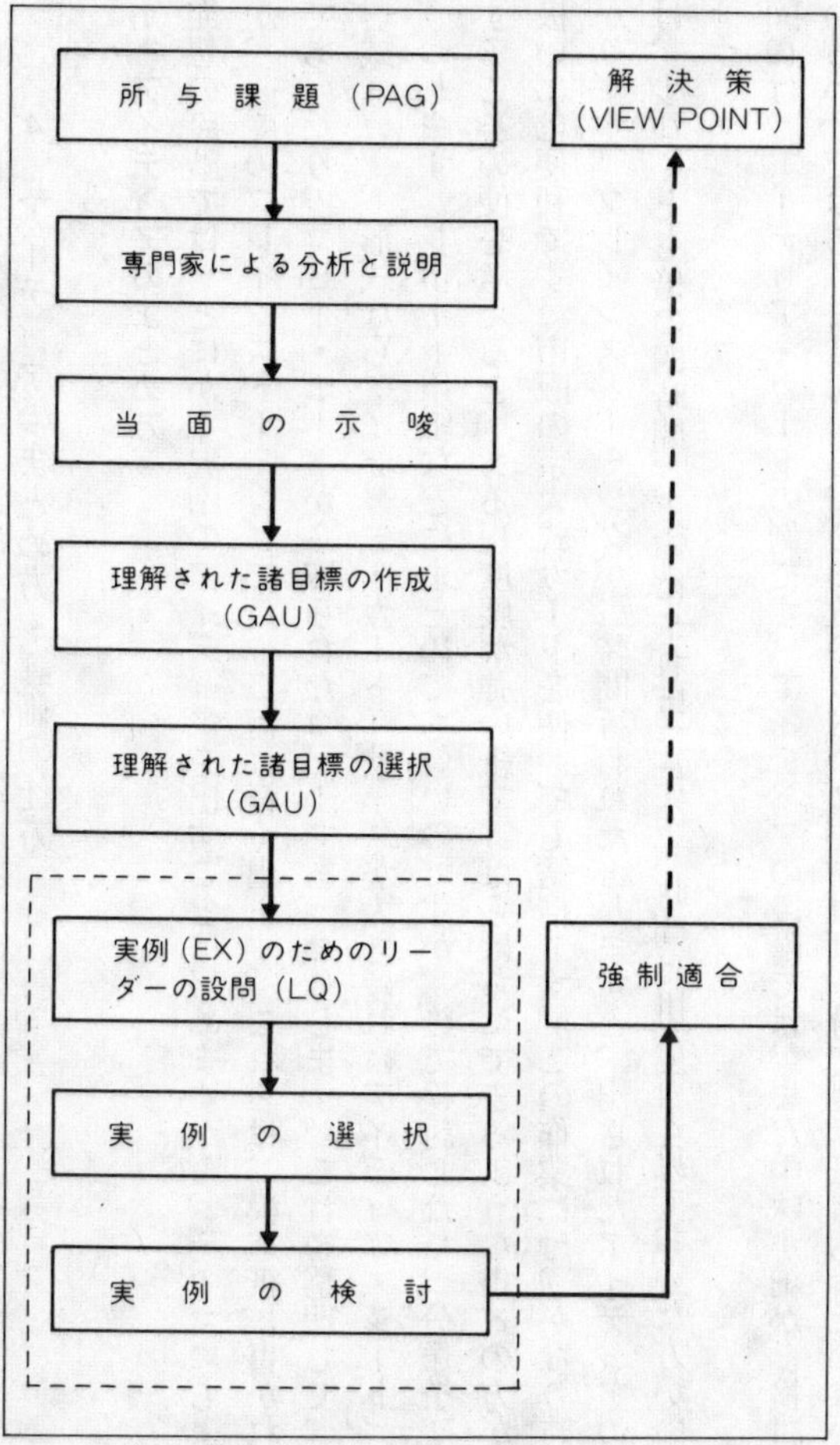

(出所)　ジョージ・プリンス「創造の実際」より

4　アイディアのまとめ方・評価の仕方

1　アイディアのまとめ方

発想の段階では、とにかく沢山のアイディアを出すことに努めますから、テーマにもよりますが、一度のブレインストーミングで百や二百は軽く出ます。これらは、模造紙に書かれたメモであったり、コピー・ボードから取られたコピーであったりします。これを整理して、一定の書式（カード形式ならアイディア・カード、サイズが大きければアイディア・シート）に書きうつします。レポート用紙などにまとめてもいいのですが、後で検討したり、分類を変えたりすることの便を考えると、ある程度腰が強い紙で、ばらばらにできるような書式の方が、取り扱いには便利です。市販の京大式カードを使っても結構です。この作業には、かなり時間が掛かります。ブレインストーミングが二時間行われたとしますと、出されたアイディアの整理には、少なくとも倍の四時間、丁寧にやれば三倍の六時間は掛かると見ておいた方がいいでしょう。

図19は、アイディア・カードの例です。アイディアの段階では、まだ中味が細かく検討されているわけではありませんから、この位のスペースがあれば十分です。紙はもったいないよう

図19　アイディア・カードの例

アイディア・カード

コード	

アイディア名		提案者			
		提案日	19　年　月　日		
アイディアの概要					
関 連 事 項					
検 討 結 果		検討者			
		検討日	／	結論	

でも、片面だけを使います。広げて検討したりする場合に、裏面に必要な事項が入っていると、時間が掛かるし扱いにくいのです。

アイディア名の枠がありますが、これは仮称でいいのです。アイディアに名前が付いていないと、議論をしたり選んだりする時に、扱いにくいからです。アイディアが実現したら、その段階で、改めてネーミングをします。

検討の枠を付けた書式になっていますが、企画作業の進め方によっては、必要がないかもしれません。また、コードが右肩に付いているのは、右利きの人がめくりながら検索しやすいように、そうしているのです。

2　アイディアの評価法

最終的な企画にたどりつくまでに、アイディアは何段階かで絞られていきます。初期の頃のアイディアは、まだ膨らませたり磨いたりしていませんから、コストや実現性を評価基準にして選んでも仕方がないのです。アイディアとしてバランスは取れていなくても、他のアイディアと組み合わせる素材やヒントになるものであれば、捨てないで残しておきたいものです。また、数も多いですから、一案ずつ厳密に検討していくよりも、可能性をイメージしながら、カンとひらめきを頼りに選びます。この段階では、可能性がある案が、落ちないように気を付けます。そして、選びながら、いろいろな新しい組み合わせやヒントが生まれてきます。

図20は、ある程度しぼられてきた段階で、同じ評価基準にてらしながら比較検討する際の評価書式です。十案入る表になっていますが、五十案が残っていれば、この表を五枚使えばいいのです。評価は、評価基準と評価者によって決まります。この段階になると、アイディアの内容も詰められていて、別紙には、次節で説明する「コンセプト」の形に記述されていることと思います。したがって、評価基準をきちんと設定し、また、評価基準間のウェイトづけも決めた上で、評価に入ります。場合によっては、この段階で、評価の手がかりになる資料を作るために、調査が行われていることもあるでしょう。この表の使い方をご説明しますと、

①　評価基準を決め、A～Eに書き込む

図20　アイディア評価表

アイディア ＼ 評価基準・評価のウェイト		A	B	C	D	E	総合評価	備考
		×	×	×	×	×		
1								
2								
3								
4								
5								
6								
7								
8								
9								
10								

各評価欄の上段に評価結果を記号で記入し下段に点数を記入する	（評価）		（点数）
	◎	かなり適合する	＝　2
	○	適合する	＝　1
	—	どちらともいえない	＝　0
	×	適合しない	＝－1

評価基準をあまり沢山作っても、多いからといって評価が厳密になるわけではありません。三〜五項目位でいいのです。

② 評価基準にウェイトづけをする

一番軽い評価基準にくらべて何倍に見るかを決め、×の後に倍率を記入します。

③ アイディアの名前を1〜10に記入する

④ 記号によって評価結果を記入する

相対評価ですので、一案ずつやっていくよりも、評価基準ごとにチェックしていった方がいいと思います。また、評価基準ごとに、◎と○の数を決めておいて、いい案から選んでいって決めた個数だけ付ける、という方法もあるでしょう。

⑤ 採点する

評価記号の点数に、評価のウェイトに決めた倍数を掛けて、採点します。総合評価は、合計点数を下段に記入し、上段には、順位を記入します。

同じ評価基準で評価して、評価者によって評価結果はかなり異なってきます。このような評価表を使うことにより、評価が分かれた時に、どこでどのようになぜ分かれたのかがはっきりします。そして、どの案を選ぶべきなのかという議論が、共通の論理の中でできることになります。また、アイディア選択の理由を、第三者に説明する時にも、この表は役に立ちます。

3　次の出番を待つアイディアのストック

アイディアを作り出すことと、沢山あるアイディアの中から、その時の課題に対応するベスト・アイディアを選ぶことをくらべると、ベテランのプランナーほど、後者の方が難しいというのではないでしょうか。アイディアを選ぶ時には、戦略を考えながらあれこれと目配りしなければならないことが多いからです。それにくらべてアイディアは、出そうとすればいくらでも出せますし、企画のいわば部品のようなものですから、使い捨ててもあまり惜しげがないのです。そこで、プロジェクトが変わるごとに、ゼロからアイディア開発をやることが多いのですが、考えてみれば、もったいない話です。

そこで、アイディアをストックしておいて、次の仕事の時に、また生かして使ったらどうかというのが誰しも思いつくことです。その企画には生かされなかったけれども、本当にいいアイディアが出ていることは、よくあります。最終的に実施された案よりも、もっと自分では気に入っていたアイディアがあったという経験は、プランナーなら皆持っていることでしょう。ところが、意外にアイディアのストックは、されていないものです。その理由を考えてみますと、まずプランナーの心理として、新しい仕事には新しい気持ちで取り組んでみたい、ということがあるだろうと思います。前に他のプロジェクトのために考えたアイディアの、埃をはたいてまた出してくるなんて、いかにも手抜きだという意識もあるでしょう。もちろんアイディアは覚えていますから、いいと思えばまた登場しては来ますが、仕組みとしてストックしておいて検索するというようには、なっていないのです。

私自身を振り返っても、十年以上前に、アイディアのストックをもっていたことがありました。真ん中に十センチばかりの丸い穴の空いた、三十センチ四方の箱の中に、名刺カードに書いたアイディアを入れておき、発想会議でヒントを得たい時には、腕を差し込んでカードをつまみ出すことができるという、小道具を作ったことがありました。冗談に、「フィックル・プシー」とあだなを付けて使っていました。かなり実効性は高かったと記憶しています。仕事が終わるたびにカードが増えていきますから、多くなった時には、二千枚ものアイディア・カードのストックを持っていました。その後、発想法とブレインを使ってダイナミックにアイディア開発をやることが増えて、カード式のアイディア・ストックはやらなくなりました。しかし今考えますと、コーディングして種類とキーワードで索引できるようにすれば、かなり便利に使えるようになっただろうとも思います。

これから若いプランナーがやるとしたら、前に述べたアイディア・カードをきちっと作って整理し、蓄積していったらいいと思います。それによって、少なくとも発想レベルの底上げができますし、急ぎの仕事にインスタントに対応していく時の、いい小道具になると思います。ただし、現在では、パソコンを使って整理することも考えるといいでしょう。

5　アイディアからコンセプトを作る

1　コンセプトとは何か

企画とは、ある課題に対応した解決策ですが、その解決策は多くの場合、ある特定の対象者に対してこういうことをやるという、

①　対象者
②　実施概要

とによって記述されます。コンセプトとは、この企画概要が、対象者に対してどういう意味や効果を持っているのかということを、短く記述したものをいいます。いってみれば、企画の考え方ということでもあります。

企画に関するアイディアは、多くの場合、企画として何をやるのかという実施概要の形で出ていることだろうと思います。コンセプトを作るとか、コンセプトを確立するということは、アイディアが示している実施概要が、想定する対象者との関連において、どのような狙いを持っているかを明らかにすることです。コンセプトが明確になっていない限り、アイディアがいくら面白くても、アイディア倒れになってしまいます。

2 コンセプトのまとめ方

アイディアをもとにしてコンセプトを作るには、三つのポイントを押さえればいいのです。

① 企画の概要(アイディアの中味)
② 想定対象者
③ アイディアの狙い

企画のタイプはさまざまですが、コンセプトの押さえ方に大差はありません。新商品開発でも、イベント企画でも、業態開発でも、企画作業のプロセスでコンセプトを確立しなければなりませんし、そのやり方もほとんど変わりません。

図21は、新商品開発のコンセプト・シートです。このシートにきちんと記述できるまでに内容が詰まっていれば、コンセプトはできているといえます。このシートは、「新商品」を「新業態」に変えるなどの微調整をすれば、各種の企画に使っていけます。

シートの書き方を、ご説明します。

① まず3の枠に、アイディアを記述する
② 次に、その新商品の消費者イメージを、2の枠に描く
③ そして、1の枠に消費者利便、商品の意味などを、ずばりと短く表現する
④ 1および2の枠にてらして、3の枠を修正加算する

図21　新商品開発のコンセプト・シート

<table>
<tr><td rowspan="2">（仮称）</td><td>コード</td><td colspan="2"></td></tr>
<tr><td>記入者</td><td></td><td>199　・・</td></tr>
<tr><td colspan="4">1.（消費者にとっての利便・意味などを短くまとめて書くこと）</td></tr>
<tr><td>2.（対象となった消費者像）</td><td rowspan="3" colspan="3">3.（新商品の概要、イメージ）</td></tr>
<tr><td>4.（マーケティング展開上の留意点）</td></tr>
<tr><td>5.（技術上の問題点、リスクなど）</td></tr>
<tr><td colspan="4">6.（関連データ）</td></tr>
</table>

と言う順序で書き込めれば、新商品コンセプトの完成です。1、2、3の三つは、ワンセットです。いずれが欠けても、コンセプトは成立しません。コンセプトそのものは、枠1なのですが、枠1が鮮明になるには、枠2枠3が必要なのです。

アイディア・カードは、小さい書式で済みますし、また、その方が扱いやすいこともありますが、コンセプト・シートが作られる段階では、資料も集まっていますし、検討もかなり行われていますから、ある程度大きくなければなりません。私自身は、Ａ４判のシートを使っています。

Ⅵ　構想のまとめ方

構想計画の中に入るのは、
- ①　大まかな企画展開の概要
- ②　課題解決策としての効果の仕組み
- ③　企画実施のための細かい仕組み

構想計画をまとめる秘訣は、
- ①　大づかみに、簡略にまとめる
- ②　課題と対比させ、解決策としてまとめる
- ③　下書きには、カードを使うといい

1　構想計画とは何か

1　構想の意味を考える

「構想する」と動詞に使う場合には、企画の考え方や内容を、課題を解決する方向で構造的に組み立てることをいいます。あたかも、ある主題を持った一幅の絵を描くように全体の構図を思い描きますから、「構想を描く」という言い方もします。その結果として描かれ、組み立てられた論理的な構築物やイメージが、「構想」になるわけです。構想を描くに当たっては、企画全体の組み立てが一つの主題やイメージで貫かれているように、また、各部分の関連が論理的整合性を持つように作らなければなりません。いわばイメージと論理を融合して作るわけです。構想構築の作業を構想計画と呼ぶのは、論理構築にやや重点を置いた言い方ですが、構想計画作業の性格に関しては、二つの考え方があります。

① どんな企画課題にも、さまざまな解決策が存在する。プランナーの仕事は、その中で一番ふさわしい解決策を見つけだすことである。構想計画はその発見・選択の過程である。

② 構想計画は、課題の最適な解決策をプランナーがデザインすることである。

論理性志向と、創造性志向ということでしょうか。私はこの両面が必要だと思います。

2　構想を作るのは誰か

最終的にその企画に責任を持つ企画実施者が、構想の最終的責任者ということになります。しかし、責任者が直接企画構想を作るとは限りません。プロデューサーがいる場合には、プロデューサーに委嘱します。しかし、プロデューサー自身がプランナーであるとは限りません。結局、構想を作るのはプランナーです。プランナーの機能には、たとえば、

①　情報収集分析
②　アイディア提示
③　構想構築
④　企画書作成
⑤　プレゼンテーション

などいろいろありますが、中でも、構想をまとめるという機能を、一番求められていると思います。また、構想を記述したのが企画書だとすれば、③④合わせた機能といってもいいでしょう。ただし、あるプランナーがプロデューサーとして仕事をしている時には、構想計画立案を自分以外のプランナーに任せるということもまた、ありえます。

構想計画を作成するタイミングは、企画を支えるアイディアが、ある程度出揃った時からです。構想計画の第一歩は、企画を支えるキー・アイディアの選択から始まるからです。

2　全体構想のまとめ方

1　構想計画には何が入ればいいか

図22は、企業のアニバーサリー（周年記念）・イベント企画のフレームワークです。この図表に示された枠の中で、企画の構想に当たる部分は、7と8です。そして、構想の中心になっているキー・アイディアの選択には、5と6があわせて検討されています。

さて、構想計画の中に何が入るかというと、次の三つです。

①　大まかな企画展開の概要
②　課題解決策としての効果の仕組み
③　企画実施のための細かい仕組み

この企画の場合には、まず第一に、「夏休みミステリー列車」をこのような内容で考えるという、実施の大まかなイメージ構築があります。次に、その企画内容が、従業員むけ消費者むけ二つの狙いをこのように満たすだろうという、効果の仕組みが考えられています。そして、企画の狙いを鮮明にし、実施をスムーズならしめるために、イメージ作りとか従業員を参加させる仕組みなど、いろいろと細かい施策が考えられています。

図22　アニバーサリー・イベント企画のフレームワーク

1．課題の背景

当社は来年に創業50周年を迎えるが、これを機にイベントを企画する理由は2つである。まず、経営者が意図している業態変革への刺激を社員に与えたいこと。当社は長く部品メーカーとして安定的な地位にあったため、社員の変革意識が希薄である。次に、最終製品が少ないために、消費者の当社に関する認識が乏しいことも問題点である。

2．課題および所与の条件

（課題）
創業50周年記念イベントを企画して、社員意識の活性化とあわせて消費者へのＰＲを図ること

（所与の条件）
①予算規模は１億円とする。但し、営業的な企画の場合には販促費を別途に計上しうる
②従業員参加型の企画が望ましい

3．想定しうる主対象とその特質

①社員
全般的に勤勉で真面目だが、その反面危機意識に乏しく、指示待ちになる。

②消費者
一度ユーザーになった人には評価が高いが、当社の知名度が全般的に低いのが問題である。

4．周囲の状況

①当社は独自の高い技術水準を誇り、業界に安定的な地位を占めている。しかし、NIES諸国からの追い上げも急である
②これからは付加価値の高い製品計画が必要になってくる
③現在まだ最終製品の点数は少ないが、５年計画で現在の15％を30％に高めていく

5．イベントの持つべき条件・狙い

①アニバーサリー企画としての大義名分があること
②イベントとしての話題性があること
③消費者に当社の社名と製品の認識を高めてもらえる企画であること
④社員が参加していける仕組みがあること

6．イベントのアイディア

①懸賞を付けて社員から募集し、消費者向けの新しいブランドを開発する
②社名を将来の業態にふさわしいものに変更しそれにふさわしいＣＩを導入する
③新製品アイディア・コンテスト
（消費者部門と社員部門に分けて実施する）
④「文化フォーラム50」の開催（社員からアイディアを募集し、50人を選んで講演会）
⑤製品見本市を兼ねて、「夏休みミステリー列車」を全国各地に巡行させる
etc.…

選　択

7．選択したイベント案とその展開構想

（決定案）
製品見本市を兼ねて、「夏休みミステリー列車」を全国各地に巡行させる

（展開構想）
①当社営業所の所在地である札幌、仙台、東京、名古屋、大阪、福岡をを起点とし、特別仕様の「夏休みミステリー列車」を運行する
②消費者に家族連れで参加してもらい、目的地で楽しい思い出を作って帰ってもらう
③その往復途中で、当社製品のＰＲを行う

（イベントの波及効果・課題解決効果）
①従来にない社員参加型のイベントを通じて、業態変革の意識を醸成する
②イベントの話題性により当社の認識を高める

8．実施上の留意事項

（リスク対策）
募集方法が「不当景品類および不当表示防止法」に抵触しないようにすること

（その他実施上の留意事項）
①キャンペーン・マーク、列車の内装、募集広告などのデザインを夢のあるものにする
②添乗世話係として、なるべく大勢の社員が参加して、消費者に直接触れるように配慮すること

2　構想計画作成の手順

構想しなくてはならないポイントが多々ある中で、最初にやることは、

①　企画全体を支えるだけの力を持っているアイディアを選び、その実施イメージ（展開構想）を魅力的に描く（ラフ・スケッチする）こと

です。このように実現したら、こんなに素晴らしいだろうという成功イメージから作っていきます。この段階では、JRがどこまで協力してくれるだろうかといった細かい問題点は、まだ突っ込んで詰めたりしません。とにかく力のありそうなアイディアを複数案選んで、対象者・関係者の顔を思い浮かべながら、魅力的な成功イメージを描くわけです。次にやることは、

②　企画の整合性を組み立てること

その企画を通じて、どのように所期の目的を果たし、課題を解決していくかという仕組みを構築します。また、所与の条件や制限に適応するように内容を調整します。これができますと、企画の代替案が複数案用意されたことになります。ここで、

③　フィージビリティ・スタディ

を行うこともあります。また、関係者で検討して決めることもあります。そして、

④　部分構想や今後に残された問題点などをまとめる

ことになるわけです。部分構想については、また次節で述べます。

3　構想計画をまとめる秘訣

経験上から、三つの秘訣を挙げたいと思います。

①　大づかみに、簡略にまとめる

これが、秘訣の第一です。そのためには、図5、図6、図22などに示した企画のフレームワークを利用するのもいいと思います。そのためには、このような企画全体を図示したフレームワークではなく、構想計画の部分を少し細かく図示したブランク・フォームを作ってもいいでしょう。構想は、せいぜいペラ一枚位にまとめるようにした方がいいと思います。なぜならば、企画の要点が簡略に説明された時に、他人にその良さが伝わらないようでは、元々あまり大した案ではないからです。このようなブランク・フォームをコピーして、それに記入するようにすれば、代替案として比較検討する際にも便利です。

②　課題と対比させ、解決策としてまとめる

どんなに面白い企画でも、その狙いや意味がわからないと、評価しにくいものです。構想計画は、イメージが鮮やかであると同時に、論理の筋が通っていないとなりません。

③　下書きには、カードを使うといい

お互いに影響し合っているいくつかの項目を、並行して考える時には、KJラベルのようなカードを使って検討するのが便利です。

3　部分構想のまとめ方

企画は、見方を変えてみますと、ヒト、モノ、カネ、情報、時間などさまざまな資源の動員計画でもあります。全体の構想を描くと同時に、これらの資源をどのように動かしていくかを検討することにより、構想そのものの細部が詰まってきます。そして、検討結果は、それぞれ次のような個別計画（同時に部分構想でもありますが）として、まとめられます。

①　運営計画

企画構想実現のための、資材の運営を中心にした、資源の全般的な運営にかんする計画です。中でも特に、運営事務をどのような場所で、どのようなスタッフが、どのように施行していくかという、いわゆるロジスティクスの仕組みをきちんと作ることが大切です。

②　組織計画

イベント企画のような、ある段階で急に組織が膨張し、大勢の手間をスムーズに管理しなくてはならない企画の場合には、組織の組み方そのものが時期によって変質します。あらかじめ組織編成や権限の設計をしておかないと、いざとなった時にトラブルの元になります。

③　財務計画

決められた予算を消費するだけの計画の場合には、支出の予算計画を組んで、出納の手続きを決めておけばいいのですが、有料イベントのように、一方で確定しえない収入が見込まれる企画では、当初計画の中でかなり厳しい詰めをやっておく必要があります。

④　情報計画（フィードバック計画）

場合によっては、企画構想そのものを、途中の情報フィードバックによって手直しできるようにしておいた方がいいことがあります。その場合には、情報を収集分析して企画構想を修正できるだけのスケジュールの余裕を、組み込んでおかねばなりません。

⑤　スケジュール

スケジューリングと、構想計画に基づいて行われるリスク対策については、後で触れます。

個別計画を伴った細部にわたる構想は、構想計画と実施計画とを二段階に分けて企画する時には、実施計画の方で扱われることが多いと思います。しかし、必要に応じて、当初の構想計画の中に盛り込まれることもあります。部分構想をも含めて構想計画を作成する場合には、まず、全体的な構想を生かすように、個別の部分構想を描きます。いわば、部分的な最適解を与えるわけです。これを、運営計画、組織計画、財務計画など部分ごとにやっていき、全部そろったところで、各部分相互の調整をし、全体的なバランスを構築していきます。構想計画の最初からいえば、全体、部分、全体という順序で構想していくわけです。

4　フィージビリティのチェック

1　どういう時に必要か

新商品開発や新事業開発など、実施段階で多大な投資を伴う企画においては、企画の骨子がまとまった段階できちんと調査して、そのアイディアや手段が妥当で、対象層に受け入れられるかどうか、マイナスの影響はないかどうかなどをチェックしてから、実施段階に入ります。この有用性のチェックを、フィージビリティ・スタディと呼んでいます。また、そのプロセスで行われる評価に着目して、アセスメントと呼ぶこともあります。ただし、前者の呼び方がどちらかというと有用性を見極めることを目的とした言い方なのに対して、後者は、マイナスの影響度の評価にウェイトを置いた言い方です。これらの調査は、二つの目的で行われます。

① 企画実施者自身のリスク・マネジメントとして行う

② 外部への説得材料を作るために行う

また、公共的な事業企画においては、法律に定められた手続きとして行われることもあります。普通は、複数の代替案を比較しながら行われますので、それぞれの代替案の全体構想が固まった段階で行われます。新商品開発では、試作品を作ってからやることもあります。

2 どういう項目でチェックされるか

次の四つの項目で行われることが多いようです。

① 技術上の評価

新技術開発をその過程に含む企画では、技術開発の見通しが立たないと、スケジュールの大幅な遅れが出ます。また、新技術の導入がもたらすプラス、マイナスの影響度をあらかじめ評価することもあります。これを、テクノロジー・アセスメントと言っています。

② マーケティング上の評価

新商品導入のフィージビリティ調査として行われる、いわゆるテスト・マーケットもそうですが、需要の予測やプライシングの弾力性測定など、市場メカニズムに関しての調査です。

③ 財務上の評価

投資にたいして、どれほどの見返りが期待できるかという評価です。売り上げの予測を立てて、何年間で回収できるかできないかを検討します。

④ 社会評価

新しい制度や政策が、どのような影響を社会に与えるかを予測します。企業活動に関連する企画の場合には、企業イメージへのはね返りを評価します。もちろん、プラス、マイナス双方の評価を行うのです。ソーシャル・アセスメントという言い方もあります。

5　リスク・マネジメント

1　リスクをコントロールする

リスクは、えてして思いがけない時に発生し、担当者をあわてさせ、時によっては企画を挫折させることもあります。大変に扱いにくいものですが、プランナーとしては、そうもいっていられません。そのためには、リスクをなるべく取り扱いやすい形でとらえ、合理的な対応策を立てる必要があります。そして、構想計画の段階で対応策を組み込んでおくことが、破局的な危険を避ける何よりの方法なのです。このリスク対策の方法を、リスク・マネジメントと呼んでいます。

リスク・マネジメントの第一歩は、リスクの本質を理解することです。図23は、リスクを性格によって分類したものです。このうち、ビジネス・リスクは、プランナーの努力によってある程度避けられる性格のリスクです。したがって、企画面では、避けるような施策を盛り込んでいきます。これに反して純リスクは、プランナーの努力では避けがたいリスクです。純リスクに対しては、発生した時のトラブルや損害を最小限にくいとめるための施策を盛り込んでいくようにした方がいいのです。

図23　リスクの分類

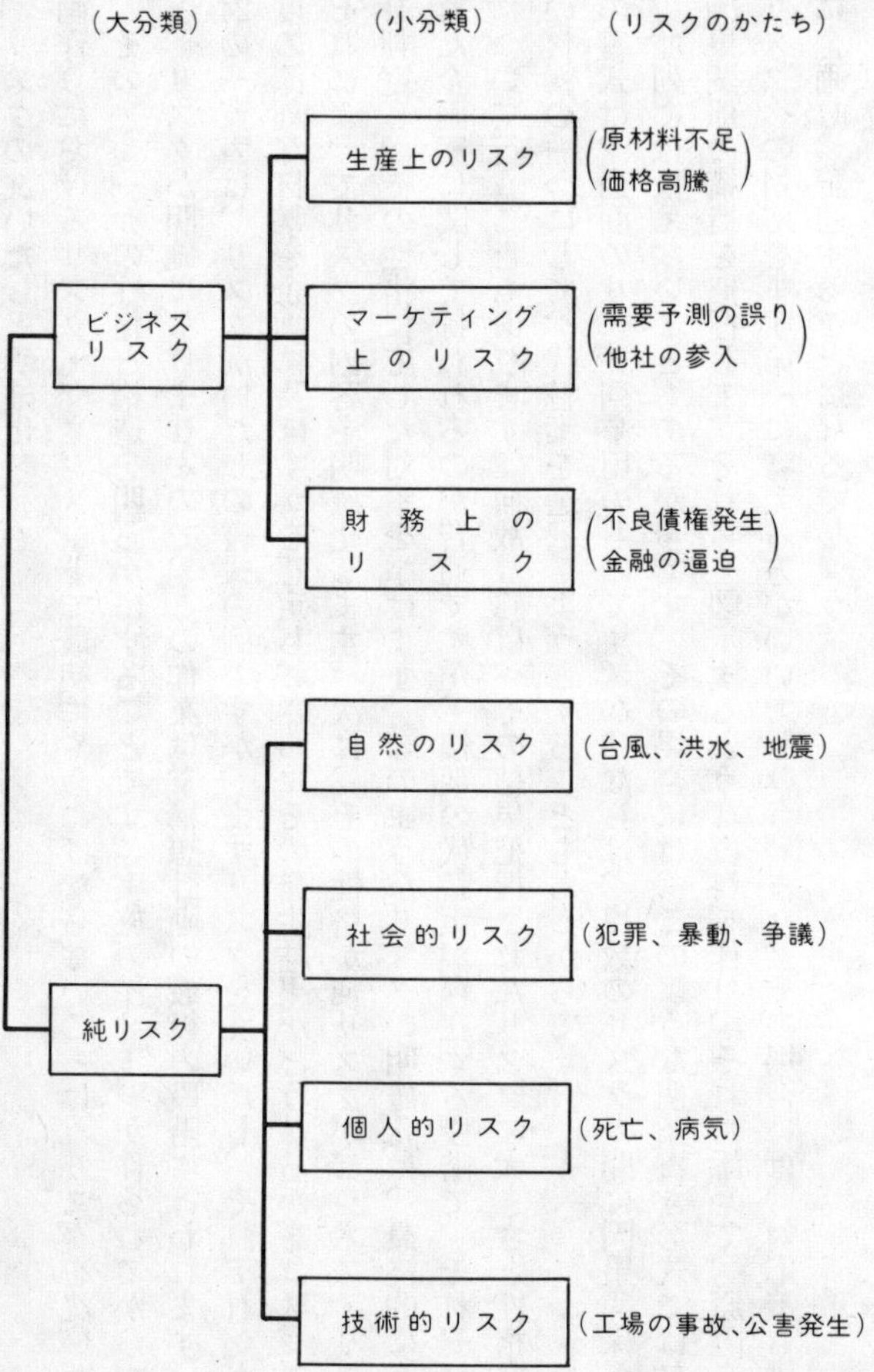
（大分類）
（小分類）
（リスクのかたち）
ビジネスリスク
生産上のリスク
（原材料不足　価格高騰）
マーケティング上のリスク
（需要予測の誤り　他社の参入）
財務上のリスク
（不良債権発生　金融の逼迫）
純リスク
自然のリスク
（台風、洪水、地震）
社会的リスク
（犯罪、暴動、争議）
個人的リスク
（死亡、病気）
技術的リスク
（工場の事故、公害発生）

2　リスクの洗いだしと明確化

企画作りにおけるリスク・マネジメントで最初にやらねばならないことは、リスクを洗いだして、その一つ一つの性格と構造を明らかにすることです。実施のイメージが作られてからでないと、リスクが明確になりませんので、この作業は、構想計画の最後の段階に行われます。

図24の一覧表は、リスク洗いだしの書式の例ですが、まずリスクを洗いだし、それぞれがどの程度の深刻な打撃を企画に及ぼすかを想定し、さらにその発生結果がどうなるかをコメントし、それによってリスクの内容を明確化します。次に、その性格が純リスクかビジネス・リスクかを判定し、その性格に応じた対策を挙げます。このようなリスクの明確化は、最終的に選択された企画案に関して行われるのが普通ですが、複数の代替案が存在する段階で、それぞれの案について行うこともあります。何故ならば、その結果把握されたリスクの大きさと性格を評価の材料の一つにして、代替案を選択しようとすることもあるからです。

この書式は、当面のリスク列挙用のものです。なぜならば、複数のリスクの間に因果関係があり、並列には扱えないこともあるからです。その場合には、このような個条書き形式ではなく、因果関係の構造を把握して、それらを図示するような資料を作り、それに添って、原因をなすリスクへの対応をまず第一に考える方がいいでしょう。また、その場合には、対応策も構造的に企画し、記述することになるでしょう。

図24　リスク一覧表

企画名	

代替案名	

No.	リスクの内容	打撃	確率	結果のコメント	性格	考えうる対策

3　リスクへの対処の仕方

大きく分けると、リスクを避けるまたは小さくする方法と、リスクが起こった場合に、損害を最小限に少なくする方法の二種類があります。まず、リスクを避ける方法ですが、これもいくつかの方法に分かれます。

① リスクの原因を除く

たとえば、不良債権の発生によって財務上のリスクが発生するとすれば、現金取り引きにしたり、危ない会社とは取り引きしないことによって、リスクを軽減することができます。

② リスクを転嫁する

たとえば、直接取り引きせずに、間にリース会社を入れて、貸し倒れが発生したらそのリスクを被ってもらう算段をするという方法です。このいずれの方法でもリスクは低減しますが、それだけ利益率も低くなるのが普通です。また、リスク転嫁の典型的な方法が、専門家ないしは専門会社の活用です。専門的な技術によって、成功の率が高くなるというだけではなく、いざという場合に責任を取ってもらえるという点で、リスクへの対処になっています。

③ 精度を上げてリスクを減らす

取り引き先の経営状態を詳しく把握し、早め早めに手が打てるようになっていれば、それだけリスクは低減します。直接的には、仕事における技術的な精度を上げることですが、技術だけではなく、担当者の意欲や熱意によっても、リスクは減少するものです。

次に、リスクが発生した場合の損害を減少させる方法ですが、これを、ロス・コントロールと呼ぶいい方もあります。この方法の典型的なものを挙げてみます。

① 損害をカバーする方法を講ずる

損害保険をかけるのは、一番一般的な対応策です。欧米で、リスク・マネジメントが損害保険業界でよく研究されているのは、この間の事情を反映したものです。

② 代替施策の用意と発動

たとえば、停電時に、直ちに自家発電に切り換えられるようにしておくのは、この例です。

③ 緊急時体制への切り換え

リスクを乗り切りやすい体制を取るべく、あらかじめいざという時の体制作りを計画しておいて、その場合には、経験のある人間がリスク対策をしやすい組織を動かすようにするといった対策です。航空会社は、どの社でもこれがあるはずなのですが、それでも飛行機が落ちるたびに不手際が目立つのは、リスク・マネジメントの難しさを示すものだと思います。

対応策は多くの場合、複数の手段の組み合わせによって作られます。そして、単にリスクが軽減されればそれでいいというものではありません。全体的にリスク軽減の効果を挙げると同時に、なるべく費用や労力がかからないで済むような方法が望まれるのです。

6　スケジューリング

1　スケジュールを使い分ける

企画構想は、スケジュールを作ってみますと、全体の段取りがはっきりします。スケジュールが作れない内は、まだ作業内容があいまいなのです。スケジュールをきちんと作ることは、作業管理のためだけではなく、組織計画を作るのにも、財務計画を作るのにも役に立ちます。

図25には、代表的なスケジュール表示法を二つ紹介してあります。新商品開発企画作業における作業計画作成までの仕事の流れを、異なる二つのスケジューリングで示してあります。ガント・チャートは、横軸に時間を取り、バーの長さがそのまま時間の長さに対応した表示です。縦軸に担当セクションとか作業分類を取れば、担当ごとの作業予定や進捗状況が一見してわかります。一方、ネットワーク・スケジュールでは、バーの長さは必ずしも時間の長さには対応していません。しかし、仕事間の関連をチェックしたり、作業の状況に合わせたスケジュール変更を管理するには、便利な表示法です。それぞれ一長一短があります。ダイナミックにスケジュールが変わる可能性があれば、後者が使いやすいし、作業進行が安定していれば、前者がわかりやすいでしょう。プランナーは、仕事の特徴をみて、使い分ければいいのです。

図25　代表的なスケジュール表示法

(A)　ガント・チャート表示

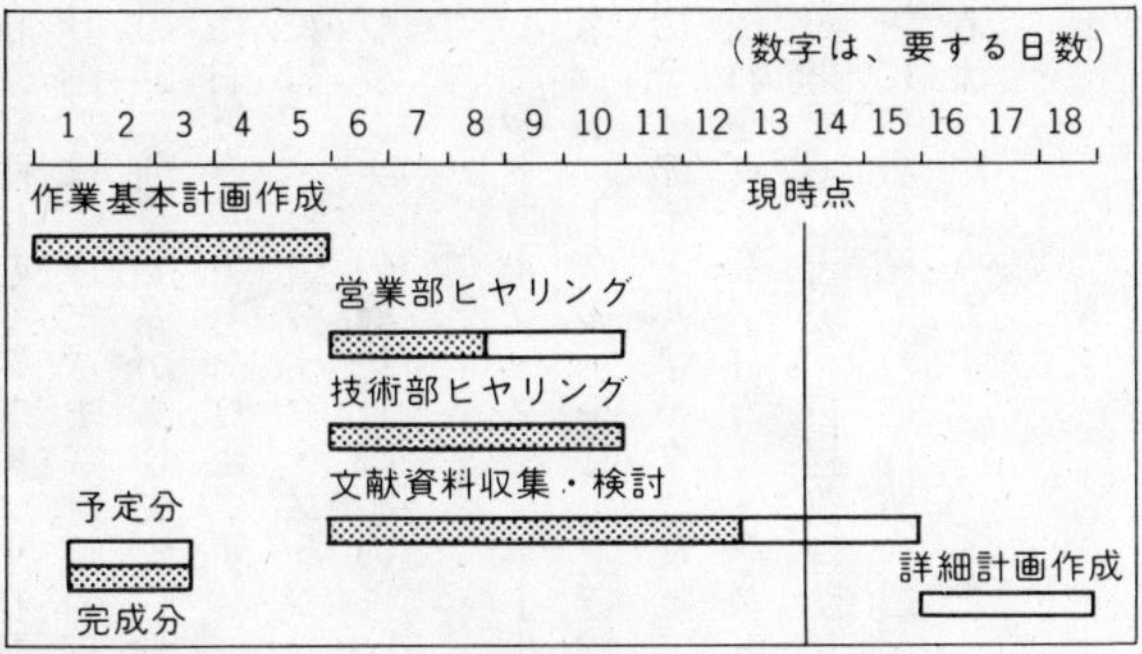

(B)　ネットワーク・スケジュール表示

記　　号	呼 び 名	意　　味
○または□	イベント	要素作業の区切り。番号を付け、内容はタテ書きで表示。
——→	アクティビティ(仕　事)	要素作業の内容。ヨコ書きで表示し、線の下に日数を書く。
- - - - →	ダミー	仕事はないが前後関係がある。

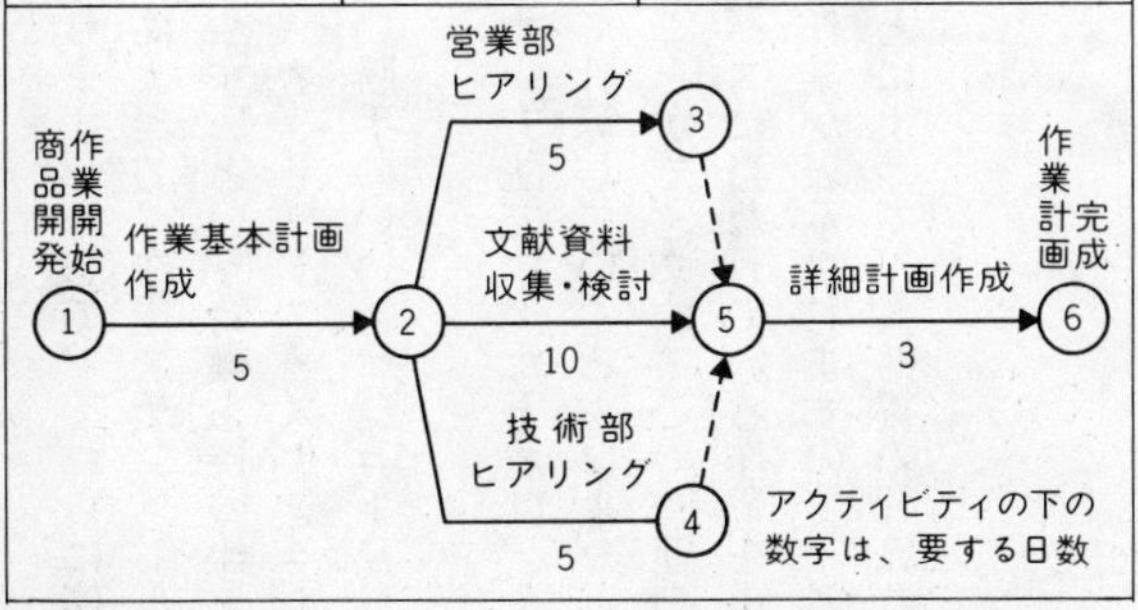

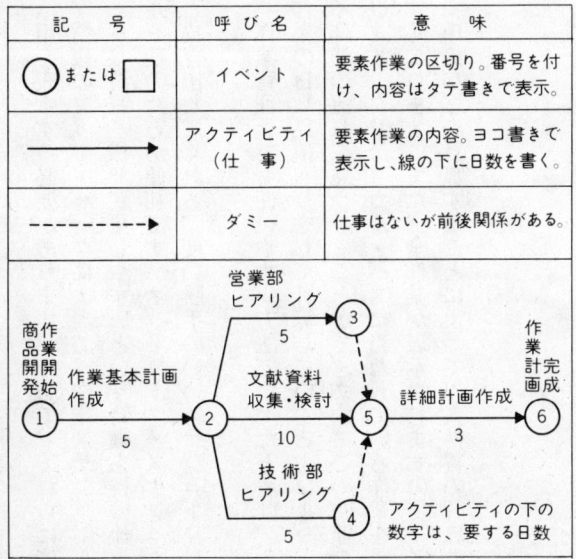

2　構想計画にむくスケジューリング

構想計画では、さまざまな資源の有効活用を表示する必要があります。そして、それらに伴う作業の間に前後関係があります。また、情報のフィードバックによって、作業スケジュールの中途における変更もありえます。このような複雑多様で変更しやすいという特徴を持つ仕事の場合には、ネットワーク・スケジュールを使った方が便利です。ネットワーク・スケジュールは、プランナーの構想計画をいきいきと描き出してくれる、使い勝手のいいスケジューリング技術です。

また、ネットワーク・スケジュールは、作業管理上でも使いやすい方法です。たとえば、全作業のネットワーク表示をした上で、各作業の日数見積もりをして計算していくことにより、期日的に全体のボトルネックになっている作業の流れを見つけることができます。この一連の作業の流れを、クリティカル・パスと呼びます。クリティカル・パスに当たっている作業を重点的に管理することで、日程管理がしやすくなります。また、全作業が表示されますので、各作業ごとに日数見積もりと作業人員、作業単価などを計算することによって、人件費の計算も楽に出るようになります。

Ⅶ　企画書の書き方

企画書の構成は、学術論文のそれとは異なっています。
論文では、

①　序論
②　本論
③　結論

という順序ですが、企画書の場合には、次のような順序になります。

①　序論——課題を確認し、企画の方向性を示す
②　結論——企画内容を説明・提案する
③　本論——その企画のよって来る所以を説明する

1　企画書の構成

1　よい企画書の条件

提案資料としての企画書であろうと、説明資料としての企画書であろうと、次の四つの条件が備わっていないと、よい企画書にはならないと思います。

①　その企画書の受け手に、その人のために作った企画書であると思われること
企画書は、不特定多数の読者に向けて作られるものではありません。想定している対象者の琴線に触れるドラマと提案が、わかる言葉や表現で書かれていないといけないのです。

②　企画内容が、いきいきとまた鮮やかに描かれていること
企画書は、企画実施の図上演習であるという見方もできます。読んだだけで実施の状況が浮かぶように描かれていないといけません。必要であれば、実施のイメージ・イラストレーションや模型を添付するのも、そのためです。

③　課題解決の段取りや解決策の効果がよくわかること
企画書が通るためには、企画の実施効果が評価されなければなりません。企画そのものは面白いと評価されていて、なおかつ通らない企画書は、課題解決の段取りや解決策の効果が分か

りにくいからではないでしょうか。

④　次の行動に結びつくこと

その企画書を見た相手先に、次の行動を起こしてもらわないと、企画書の役割を果たしません。行動に結びつかない企画書は、クロージングが甘く、詰めを欠いているわけです。

2　企画書の外観・体裁

企画書の外観・体裁は、主として企画書の受け手の必要性・使い勝手と好みによって決まります。また、プランナーの心情や読みによって決まる部分もあります。

ファイルの便という点ではA４判かB４判が普通ですが、A４判の方が多いと思います。横長・縦長のいずれか、綴じの形式など、使い勝手を推量して作ります。表紙の色も、コーポレート・カラーに合わせたり、企画内容をシンボライズする色にしてみたり、プランナーは、それなりに気をつかうのです。シリーズで提出する企画の場合には、色を変えて区別がしやすくします。

最近、ワープロで企画書を作ることが多くなりました。こういう場合でも、表紙や扉はカラー・ペーパーでプリントしたり、少し束が厚い時には、市販の背表紙用クロースを付けたりして、外観を整えるようにします。

3　企画書の標準的な構成

図26は、第Ⅳ章の図9で情報収集の事例としてご紹介した、千葉県津田沼における大型店のオープニング企画プロジェクトにおいて、最終的に提案された企画書の目次です。広告代理店から流通業クライアントに提出された企画書ですから、いかにもそのような特徴が表れています。もし、流通業自身で作った企画であれば、これとはかなり異なる構成になっていることでしょう。この事例を参照しながら、企画書の標準的な構成を見てみましょう。

企画書は、一般的に、多少性格の異なる幾つかの部分から成っています。大まかに分けると六つに分かれます。企画の性格や提案先の好みによって、順序が変わることはありますが、これらは、企画書の基本的な構成要素として理解しておくといいと思います。

①　導入部

この目次には、わざわざ出てはいませんが、導入部で大事なものに表紙があります。表紙には、企画書を提出する相手先と提案者の名前が入っています。その他には、タイトル、日付、秘扱いの表示と記番があります。特にタイトルは、企画の内容を正確に伝えるだけではなく、企画の魅力が感じられるように作らねばなりません。次に、「はじめに」の中には、儀礼的な謝辞の他に、この企画書の特長とアピールしたいポイントを指摘しています。企画書を見た時に、直ちに与える情報やイメージによって、その企画の第一印象が異なりますから、導入部は

図26　D社津田沼新店オープニング企画書の目次

大切なのです。短い企画書の場合、よく目次を省くことがありますが、わざわざ一ページの目次が入れにくければ、表紙にでも入れた方がいいと思います。

② 企画の前提部分

課題（オリエンテーション）をうけて、その課題が置かれている状況を分析し、どのような方向で解決していったらいいかの方向づけを行い、解決策としての企画が備えるべき条件や、目指すべき目標などを設定します。この事例では、「課題の確認」、「商圏分析」、「津田沼新店のポジショニング」などが、これに当たります。

③ 構想計画の説明・提案

企画の全体的なイメージをいきいきと描く部分です。この企画書は、提案資料タイプですので、「ストア・コンセプト」の提案から「開店後の展開計画」の提案まで、ほとんどの部分が細部にまでわたる構想の提案説明に当てられています。構想計画は、めりはりを付けて、ドラマチックに、目に浮かぶように書くように努めます。言葉だけではイマジネーションが十分に伝わらない時には、チャート、イラストレーションなどを駆使して補うようにします。

④ 運営計画の説明・提案

企画を進めていくについての個別的な計画すなわち組織計画、財務計画、スケジュールなどです。この事例ではそこ迄は触れていなくて、「予算概算」と、「おわりに」の中で制作・実施組織体制を紹介しているだけに止まっています。

⑤　代替案・別途提案・リスク対策など

代替案の提案は、構想計画に付随して、同じ章内で触れられることも多いのです。この事例でも、それぞれのパートで、メインの構想に並んでさまざまな代替案を説明しています。また終章では、別途提案として、もう一店の核店である百貨店との共同プロモーションの企画を提案しています。

⑥　参考資料

企画立案の過程で使った参考資料は、論旨を説明するためにどうしても引用する必要がある場合を除いては、巻末に置くか、別冊にして必要があれば参照できるという形式にします。このプロジェクトの場合には、A4判二十ページほどのマーケティング・データ、短く編集した消費者のインタビュー・テープ、パネルに張り込んでまとめた消費者の写真取材資料などを、添付資料として企画書と一緒に提出しています。これらの資料類は、単なる参照資料というだけではなく、企画内容がきちんと資料を読み込んで検討されたものであることを、整理された参考資料によってうかがわせようという演出の意味もあります。

この企画書が、必ずしも一般的な構成を示している事例ではありませんが、企画書の持つべき要素をどのように含んでいるかについては、ご理解がいただけたことと思います。

2 まとめ方のテクニック

1 企画書のドラマツルギー

① 序論――問題（意識）を記述し、論証していく方法論を述べる
② 本論――実験結果、資料などを駆使して、思考の構築を行う
③ 結論――新しい仮説（学説）を提示する

この順序は、学術論文の一般的な構成です。企画書でも、論理的に企画を説明していけば、恐らくはこういう順序になることでしょう。しかし、学術論文風に書かれた企画書は、なぜか魅力に乏しいのです。企画書のドラマツルギーでは、次のような順序の方がいいようです。

① 序論――課題を確認し、企画の方向性を示す
② 結論――企画内容を説明・提案する
③ 本論――その企画のよって来る所以を説明する

企画を受け取る人は、早く結論（企画内容）を知りたいと思うものです。そこに、企画書のドラマツルギー存立の基盤があります。本来ならば、本論でるる引用しながら述べるべきマーケティング・データを巻末に送ったり別冊にしたりするのは、この理由によるのです。

2　シノプシスの作り方

企画書を作る段階では、課題解決の方向性も絞られているし、キー・アイディアも関係者の間で了解されていることとおもいます。企画の骨子は、決まっているわけです。それでも、いきなり企画書を書きだすのは、天才か素人のいずれかです。

① まず企画書の構成を作る

必要な項目を洗い出して目次を作ってみます。学術論文風にするか、企画書風にするかは、提出する相手次第です。

② 各章ごとに、盛り込む内容を個条書きする

企画を作るに当たって検討した、すべてを盛り込むのではありません。詳しく書き込むべきポイント、省いた方がいいもの、それぞれを仕分けながら個条にします。

③ 構成のバランスを見る

主役である企画内容が、いきいきと鮮やかに描かれるような構成になっているかどうかを見ます。補足的な説明が多すぎる時には、資料類を別冊にするなどして、調整します。

④ 全体のボリュームを決めて、各章に割り振る

これで、シノプシスは出来上がりです。これに、中途までに作られた資料やメモなどを、この順序に整理して付ければ、執筆に入れます。

3　書き方のテクニック

1　表記法の統一

幾つかの点で表記法を決めてから書きだした方が、後で直しが少ないだけ、時間の節約になります。特に、共同執筆で企画書を作る場合には、絶対にやっておくべきです。図27は、企画書を分担執筆する際に、執筆メンバーに渡して表記の統一を図るための書式の例です。これを参照しながら、事前に統一をした方がいい点を挙げてみます。

①　版型と縦横

人それぞれに経験のある使いやすい版型がありますから、自由に書いてもらいますと、後の整理が大変です。ただし、プランナーの使い勝手よりも、企画提出先の使い勝手が優先することは、前に述べた通りです。

②「である調」か「ですます調」か

丁寧な表現の方が、相手方の好感度が増すかといえば、必ずしもそうではありません。企画書の文書表現においては、丁寧な文体は、ややもするとビジネスライクな緊張感を欠く恐れがあります。経験では、である調が一番いいと思います。

図27　企画書分担執筆要領

部　　　　　　殿

担当部分		指定枚数	
分担執筆締切	月　日　時までに　部　課　席に必着のこと		
指定用紙等	A 4 判社用箋にエンピツ書きのこと		
書き方の統一	1. 用紙の使い方	縦使いにし、一行おきに横書きにする	
	2. 文体	である調	
	3. 用語の統一		
	3.1 呼び方	御社　当社	
	3.2 仮名づかい	日本経済新聞社基準に合わせる	
	3.3 数字の使い方	①章タイトル　1.　○○○○	
		②節タイトル　1.1 ○○○○	
		③個条書き　1）－①－1	
	4. スペース	①タイトルは左5字分空け	
		②本文は左2字分空け	
		③段落の書きだしは1字分下げること	
		④章末は頁替え、節末は追い込むこと	
		⑤節間は1行分空け	
特記事項	1. 別添のシノプシスおよび資料を参照のこと 2. 分担執筆分は、必ず封筒に入れて取り扱うこと		

③　用語の統一
相手の呼び方でも、御社、貴社など複数の使い方があります。よく使われる外来語をカタカナで使った方がいいか訳語を当てた方がいいかなど、企画の提出先に合わせて、決めておきます。中でも、特に乱れやすいのが、数字の使い方です。文中で使う個条書きの数字は、大きい個条から三段階ぐらいまでの使い方を決めておけばいいと思います。
④　スペースの使い方の統一
印刷したり、ワープロを打つ場合には、依頼時に指定はできますが、それでもなるべく仕上がりに近い体裁にしておく方が、ミスが少なくていいのです。

2　どこから書き始めるか

共同執筆では、並行作業になりますが、一人で書く時には、次の順序でやることをお勧めします。
①　まず、表紙を作る
以後、宛先とタイトルを意識しながら書くのです。
②　目次を作る
シノプシスが出来ていれば、そのまま目次化すればいいわけです。頁数を割り振ってみれば

全体の構成が見えますから、それをまた、意識しながら書いていくのです。

③　構想部分を書く

企画の中心である構想部分を書きます。ここが一気に書けないようでは、まだ構想が煮詰まっていないのかも知れません。

④　残りの部分を書く

どこからでも、書きやすいところから書きます。各章が書き終わったら、構想部分と付き合わせて、構想部分への加筆が必要かどうかをチェックします。また、構想計画をうまくバックアップしている表現になっているかどうかも、チェックします。

3　各部分における書き方の工夫

部分的な記述においても、結論、提案、要点など強調したい所と、その理由づけや説明の部分とが分かるような、メリハリのある表現にした方がいいのです。そのための工夫としては、

①　強調したい部分を太い字体で印刷するか、アンダーラインする
②　強調したい部分を罫線で囲む
③　強調したい部分を章頭に要約する

などの方法があります。

4　図表の活用

文章に併せて図表を活用することによって、企画内容やその説明への理解の促進を図ることができます。よく使われる図表のタイプには、次の四つがあります。

①　グラフ型

訓練されているプランナーは、数表から直ぐにイメージが湧きますが、普通の人は必ずしもそうではありません。そこで、目に見える量に換算して説明した方がいいことがあります。シェアの説明には円グラフ、時系列変化には棒グラフなど、典型的なグラフもあります。

②　マトリックス型

ポジショニングなどは、二軸のマトリックスにプロットすることによって、識別しやすくなります。

③　フロー・チャート型

論理や仕事の流れなどは、フローに描くと分かりやすくなります。フローの中に菱形のデシジョン・ボックスを入れておき、評価と選択の関連を図示することもできます。

④　関連図型

さまざまな要因の相関を示す時などに使います。きれいに作図すると、情感に訴えて説得する効果があります。また、ある部分をクローズアップすることも容易です。

4　企画書の最終的な点検

共同で作られた企画書でも、最後には必ず、プランナーが、一人の目で読み返して手を入れます。その時にやるべきことは、三つあります。

①　この企画書をもとに、自分で企画説明をするつもりで読み、企画がいきいきと、バランスよく、分かりやすく描かれているかどうかを見る（訴求力の点検）

②　記述に、矛盾や不明確な部分がないかどうかを見る（内容の点検）

③　表現のトーンや表記法が統一されているかどうかを見る（表現の点検）

これで、企画書の中味ができ上がりました。

著者略歴

星野　匡（ほしの　ただし）

1939年　東京生まれ
1963年　東京大学法学部卒業
　　　　株式会社電通に入社
1987年　電通を退社
　　　　フリーランス・プランナーとして独立
1989年　企画事務所株式会社プラン・ネットを設立
現　在　同社代表取締役チーフ・プランナー
　　　　桑沢デザイン研究所講師（現代文明論）
　　　　日本創造学会会員
著　書　『コピーとネーミングの秘訣』(PHP研究所),『企画書をスラスラまとめる本』（共著，中経出版),『女性プランナー入門――電通女子社員の企画作り体験記』(指導，実業之日本社),『企画立案50の鉄則』（日本能率協会),『発想法入門』（日本経済新聞社）他多数

日経文庫（380）

企画の立て方

1987年10月19日　1版1刷
1991年9月2日　11刷

著者　星野　匡

発行者　樋口　剛

東京都千代田区大手町1-9-5　郵便番号100-66
発行所　日本経済新聞社
電話（03)3270-0251　振替　東京3-555

印刷　奥村印刷・製本　トキワ製本所
ISBN 4-532-01380-1

〈A〉経済・金融

〈B〉経営

日経文庫案内(II)

28	経営指標の読み方	竹内　毅
30	企業調査入門	三井銀総合研究所
31	企業診断の手ほどき	中谷道達
32	人事・労務管理の知識	森　五郎
33	人事・労務管理用語辞典	西宮輝明
34	人事考課の手引	楠田　丘
35	管理者のための職場のトラブル対策	慶谷淑夫
36	社内教育入門	山田雄一
37	小集団活動の手引	上田利男
38	企業内コミュニケーション	上田利男
39	ラインとスタッフ	郷原　弘
42	パートタイマー雇用の実務	慶谷淑夫
43	中小企業のための資金の作り方	荒　和雄
44	中小企業のための経営数字の見方	長島俊男
45	中小企業のための賃金の決め方	古川　昇
46	中小企業のための労務管理の進め方	田川義雄
47	中小企業のための内部管理の進め方	秋山純一
51	商取引契約の手引	並木俊守
52	国際契約の手引	由本・淵本
55	信用管理の手引	結城哲彦
56	計算実務の手ほどき	染谷・森藤
57	企業広報の手引	堀　章男
58	業績管理の手引	遠藤泰弘
59	セールス・マネジメント入門	廣田達衛
61	人材育成の進め方	桐村晋次
62	リース取引の実際	森住祐治
64	損害保険のかけ方	大羽・角
65	海外投資の知識	日本輸出入銀行海外投資研究所
66	ダイレクト・マーケティングの実際	ルディー和子
67	取引先判断の手引	竹内　毅
68	営業の知識	江尻　弘
69	エリア・マーケティングの実際	米田清紀
70	分社経営の実際	遠藤泰弘
71	コンサルティング・セールスの実際	山口弘明
72	中小企業のための異業種交流の進め方	中熊祐輔
73	マーチャンダイジングの知識	田島義博
74	中小企業のための生産管理の実際	甲斐章人
75	中高年活用の手引	増田雅一
76	Q&A経営分析の実際	川口　勉
77	OJTの実際	寺沢弘忠
78	新入社員のための営業マン入門	山口　裕
79	利益計画の立て方	宇角英樹
80	セールストーク入門	笠巻勝利
81	新入社員のための販売員入門	船井総合研究所
82	ジャスト・イン・タイム生産の実際	平野裕之
83	商品在庫管理の実際	木村忠治
84	マーケティング・リサーチ入門	牛窪一省
85	中途採用の実際	横山清和
86	イベント戦略の実際	小坂善治郎
87	店頭マーケティングの実際	大槻　博
88	新入社員のための総務マン入門	渡辺英幸
89	管理者のためのOJTの手引	寺澤弘忠
90	CI入門	深見幸男
91	在庫管理の実際	平野裕之

〈C〉会計・税務

番号	書名	著者
1	財務諸表の見方	日本経済新聞社
2	商法による財務諸表の知識	沼田嘉穂
3	連結財務諸表の知識	野村健太郎
5	会計用語辞典	日本経済新聞社
6	図説・会計事典	西澤脩
7	税の常識	尾崎護
10	相続税対策の手ほどき	三矢孝之
12	会社経理の知識	加藤久蔵
14	会社員の経理常識	沼田嘉穂
15	会社決算の手ほどき	村山徳五郎
16	会計監査の知識	川口勉
17	簿記の手ほどき	染谷恭次郎
18	工業簿記の手ほどき	沼田嘉穂
19	行列簿記の手ほどき	越村信三郎
20	財務管理の知識	國弘員人
22	資金計画の手引	染谷恭次郎
25	会社員の税法常識	武田昌輔
26	中小企業のための税金相談	倉石弘之
28	原価計算の手ほどき	番場嘉一郎
32	引当金の経理実務	細田末吉
33	損益分岐点の実務	和井内清
34	物流会計の知識	西澤脩
35	英文財務諸表の知識	明日山俊秀
36	英文会計入門	小島義輝
37	英文簿記の手ほどき	小島義輝
38	英文会計の実務	小島義輝
39	法人税対策の手ほどき	渡辺政宏
40	資金繰りの手ほどき	細野康弘
41	連結経営分析の実際	秋山純一
42	予算管理の知識	小林健吾
43	Q&Aリースの会計と税務	牧・榎本
44	中小企業のための法人税申告の手引	山田淳一郎
45	商法による決算書の読み方	浜田康
46	新入社員のための経理マン入門	中村輝夫

〈D〉産業・法律

番号	書名	著者
1	現代の流通産業	和田茂穂
2	流通機構の話	田島義博
4	流通用語辞典	日本経済新聞社
5	物流の知識	宮下・中田
6	物流用語辞典	日通総合研究所
7	サービスの話	清水滋
8	現代の百貨店	高丘・小山
10	フランチャイズ・チェーンの知識	田島義博
13	広告用語辞典	日経広告研究所
17	商圏の知識	室井鉄衛
18	輸送の知識	日通総合研究所
19	海運の話	村上弥寿夫
20	年金の知識	村上清
21	企業年金の知識	村上清
24	経営法学入門	三戸・岡道夫
26	人事マンの法律常識	安西愈
27	営業マンの法律常識	永渕泰清
28	中小企業のための経営者の法律常識	野口恵三
29	監査役の法律実務	藤野信雄
30	担保・保証の実務	岩城謙二
31	契約書作成の手引	本谷康人
32	不動産評価の知識	武田公夫
33	不動産売買の知識	岡崎・依田
34	不動産の法律	稲本洋之助
35	不動産用語辞典	日本不動産研究所
41	住宅金融の知識	岡崎・占部
42	独占禁止法入門	厚谷襄児
43	賃金制度の知識	逆瀬川潔
44	債権回収の実務	岩城謙二

45 POSシステムの知識　荒川圭基
46 広告の実際　志津野知文
47 不動産登記の実務　岩城謙二
48 広告入門　梶山皓
49 銀行マンの法律常識　秦光昭
50 Q&Aリースの法律　伊藤博
51 知的所有権の知識　寒河江孝允
52 流通VANの実際　浅野恭右

〈E〉情報・コンピュータ

1 システムの話　松田正一
2 システム設計　吉谷龍一
3 システム設計の実際　吉谷龍一
6 ソフトウエアの知識　山本欣子
7 オフィス・オートメーション入門　涌田宏昭
10 コンピュータ用語辞典　日本経済新聞社
12 会計情報システム入門　涌田宏昭
13 PERTの知識　加藤昭吉
14 特許実務の手引　古川和夫
15 コンピュータの知識(基礎編)　鵜沢昌和
16 コンピュータの知識(応用編)　鵜沢昌和
17 戦略情報システム入門　石川昭
18 データベースの知識　山崎昶
19 ワープロ活用の手引　森谷宜暉
20 SISの実際　上村孝樹

〈F〉経済学・経営学入門

1 経済学入門(上)　篠原三代平
2 経済学入門(下)　篠原三代平
3 ミクロ経済学入門　奥野正寛
4 マクロ経済学入門　中谷巌
5 経営学入門(上)　岡本康雄
7 現代企業入門　土屋守章
8 経営管理　野中郁次郎
9 経済政策　加藤寛
10 金融　鈴木淑夫
11 財政　藤田晴
12 国際経済　島野卓爾
13 国際金融　新開陽一
15 労使関係　津田真澂
16 日本経営史　森川英正
17 マーケティング　田内幸一
18 流通　林周二
19 管理会計　溝口一雄
20 インフレーション　新飯田宏
23 中小企業　清成忠男
24 経済学基本用語辞典　金森久雄
25 産業連関分析入門　宮沢健一
26 計量経済学入門　宮川公男
27 OR入門　宮川公男
28 線型計画入門　小山昭雄
29 ゲームの理論入門　小山昭雄
30 経済数学の手ほどき　稲田献一
31 統計学入門(基礎編)　安川正彬
32 統計学入門(応用編)　安川正彬
33 企業財務　仁科一彦
34 公共経済学　山田太門
35 経営戦略　奥村昭博

〈G〉実用外国語

1 ビジネスマンの英会話（海外旅行編）　松居　司
2 ビジネスマンのための英文手紙の書き方　大田原房子
3 英文経済記事の読み方　日本経済新聞社
4 商業英語の手ほどき　羽田三郎
5 商業英語の実際　羽田三郎
6 金融英語の手ほどき　寺澤浩二
7 証券英語の手ほどき　三国陽夫
8 工業技術英語の手引　篠田義明
9 工業英語の実際　篠田義明
10 経済英語の手ほどき　山本謙一
14 銀行英語の手ほどき　橋本光憲
15 銀行マンの英会話　橋本光憲
16 海外駐在の英会話　脇山怜
17 ビジネスマンの英会話（国際ビジネス編）　松居　司
18 証券マンの英会話　山下・尾形
19 金融証券英語辞典　日本経済新聞社
20 ビジネス法律英語辞典　阿部・長谷川

〈H〉ビジネス・ノウハウ

1 企画の立て方　星野　匡
2 会議の進め方　高橋　誠
3 報告書の書き方　安田賀計
4 問題解決手法の知識　高橋　誠
5 ビジネス文書の書き方　安田賀計
6 プレゼンテーションの進め方　山口弘明
7 調査の進め方　柳下和夫
8 ビジネスマナー入門　梅島・牧野
9 発想法入門　星野　匡
10 交渉力入門　佐久間賢
11 秘書入門　土屋治子
12 意思決定入門　中島　一
13 海外ビジネスマナー入門　梅島・土舘
14 ファイリングの進め方　野口靖夫

ベーシック版

ベーシック・マーケティング入門　相原　修
ベーシック・金融入門　日本経済新聞社
ベーシック・財務諸表入門　佐々木秀一
ベーシック・簿記入門　桜井憲二
ベーシック・コンピュータ入門　西田　修
ベーシック・手形入門　秦　光昭
ベーシック・不動産入門　日本不動産研究所
ベーシック・会社入門　日本経済新聞社
ベーシック・外国為替入門　日本経済新聞社
ベーシック・日本経済入門　日本経済新聞社
ベーシック・世界経済入門　日本経済新聞社
ベーシック・株式入門　日本経済新聞社
ベーシック・流通入門　日本経済新聞社
ベーシック・生産入門　谷津　進
ベーシック・貿易入門　久保広正
ベーシック・経営入門　日本経済新聞社
ベーシック・会社法入門　宍戸善一
ベーシック・会計入門　木下徳明